总主编：宋建晓　黄志源
主　编：方宝璋　曾　伟
编　委（按姓氏笔画为序）：
　　　　　马桂萍　王福梅　方宝璋
　　　　　帅志强　吉　峰　许元振
　　　　　宋建晓　张宁宁　陈培涵
　　　　　林孟蓉　郭　超　黄　劲
　　　　　黄志源　曾　伟

本册撰著者：吉　峰

福建省社会科学研究基地
莆田学院妈祖文化研究中心
福建省社会科学基金项目"八闽'福'文化的精神标识、传播路径与当代创新发展研究"阶段性成果（编号FJ2024B079）

总主编：宋建晓　黄志源
主　编：方宝璋　曾　伟

吉　峰◇著

闽台"福"文化观念探源

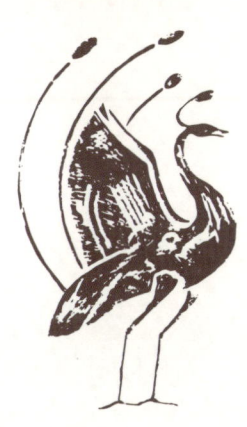

海峡出版发行集团
鹭江出版社
2024年·厦门

图书在版编目（CIP）数据

闽台"福"文化观念探源 / 吉峰著；宋建晓，黄志源总主编；方宝璋，曾伟主编. -- 厦门：鹭江出版社，2024.4

（闽台"福"文化研究）

ISBN 978-7-5459-2275-2

Ⅰ.①闽… Ⅱ.①吉… ②宋… ③黄… ④方… ⑤曾… Ⅲ.①地方文化－研究－福建②地方文化－研究－台湾 Ⅳ.①G127.5

中国国家版本馆CIP数据核字(2024)第065447号

"闽台'福'文化研究"丛书

MINTAI "FU" WENHUA GUANNIAN TANYUAN

闽台"福"文化观念探源

宋建晓　黄志源　总主编
方宝璋　曾　伟　主编
吉　峰　著

出版发行	鹭江出版社	
地　　址	厦门市湖明路22号	邮政编码：361004
印　　刷	福建新华联合印务集团有限公司	
地　　址	福州市晋安区福兴大道42号	联系电话：0591-88208488
开　　本	700mm×1000mm　1/16	
插　　页	4	
印　　张	13	
字　　数	170千字	
版　　次	2024年4月第1版　2024年4月第1次印刷	
书　　号	ISBN 978-7-5459-2275-2	
定　　价	54.00元	

如发现印装质量问题，请寄承印厂调换。

总 序

　　学术界有关文化研究的成果可谓汗牛充栋，其对文化的内涵与外延的理解也不尽相同，据不完全统计，达成百上千种观点。据我目前的认知，文化大致可分为物态文化、行为文化、制度文化、心态文化四个层次，闽台民俗中的"福"文化大致也可以分为这四个层次。闽台民俗主要包括食衣住行习俗，岁时年节节俗，婚育、丧葬、交往礼俗，宗教、民间信俗等四个方面。总体说来，食衣住行习俗、岁时年节节俗"福"文化中蕴含着较多的物态文化和行为文化的内容，而婚育、丧葬、交往礼俗"福"文化中蕴含着较多的制度文化的内容，宗教、民间信俗"福"文化中蕴含着较多的心态文化的内容。除此之外，闽台工艺美术和民间音乐基本上属于俗文化的范畴，其大多蕴含着物态文化和行为文化的内容，当然，当代学术界对其发掘分析，其中自然也蕴含有制度文化与心态文化的内涵。

　　中华文化源远流长，已经有五千多年的历史，而且底蕴深厚，丰富多彩。"福"文化孕育于其中，自然也是根深蒂固，枝繁叶茂。先秦时期，儒家的经典《诗经》就已经记载了先民对美好幸福生活的向往和追求。如在《楚茨》《信南山》《甫田》《螽斯》《文王》等篇中，就有先民"报以介福，万寿无疆"，对追求长寿之福的祈愿；也有"螽斯羽，诜诜兮。宜尔子孙，振振兮"，对多子多福的祝福；

还有"永言配命，自求多福"以及孔子"不义而富且贵，于我如浮云"（《论语·述而》）中对追求幸福进行哲学意义上的思考和选择。

以黄河中下游为中心的华夏文化是古代东亚最先进的文化，其随着与周边地区的不断交往而传播开来。魏晋南北朝时期，由于中原地区不断战乱，人们被迫南迁，其中西晋永嘉年间"八姓入闽"，大批中原衣冠士族进入福建。尔后，在唐末五代和两宋时期，北方仍然战乱不已，许多北方汉人源源不断迁徙入闽。移民的迁徙过程，其实也是一种重要的文化传播途径。大量的北方汉人带着黄河流域的农耕民俗文化入闽，与当地的越族海洋民俗文化碰撞融合，最终在两宋时期形成了以农耕民俗文化为主、海洋民俗文化为辅的海滨民俗文化，其中也包含了福建民俗中的"福"文化。明清时期，福建地少人多，大量民众为了谋生，移居台湾。据多次统计，近代台湾人中，有80%左右为福建籍的移民。这些人到台湾后，仍然讲家乡的方言，沿袭家乡的生活习惯，祭拜家乡的神祇，传唱家乡的戏剧，不言而喻，在整个台湾，福建的民俗居于主体地位。福建与台湾成为同一民俗文化区，是中华传统文化一体多元中的"一元"。换言之，闽台民俗中的"福"文化源于中华传统文化，是中华传统文化的一个分支。

闽台民俗中的"福"文化源远流长，丰富深厚，不是三言两语就能道清楚说明白的。简言之，文化不是静态的，而是随着时代的变化不断发展的，不同历史时代有不同的文化，"福"文化也是如此。本系列著作主要探讨闽台地区流传至近现代传统民俗中的"福"文化。从广义上说，"福"文化就是人们对美好幸福生活的追求，如在食衣住行习俗中追求丰衣足食、安居乐业之福，在岁时年节节俗中遵循顺应自然、感恩奉献之福，在婚姻、生育、丧葬、交往礼俗中体现尊礼重情、安康和谐之福，在宗教、民间信俗中崇奉立德为本、大爱行善之福。从"福"文化角度来说，追求幸福贯穿着每个人的一生。当一个小生命呱呱落地，人们就为他（她）祈福、求福，当他（她）长大成人、成家立业之后，就意味着福至、享福。但是人的一生不可能是一帆风顺的，往往祸福相倚，所以应该懂得惜福，学会趋福避祸。从儒家推己及人的价值观来看，一个人、一家人幸福是不够的，应该"老吾老以及人之老，幼吾幼以及人之幼"（《孟子·梁惠王上》），自己幸福了，还要为广大民众、社会谋福、造福，甚至自己离开这个世界后，还要为后人荫福。闽台的"福"文化还蕴含着一种大度豁达的人生态度，如吃亏是福，在经商中吃了亏，算不了什么，不必太认真计较。因为如果你不计较，大家了解到你的大度、厚道，以后就会有更多的人愿意与你做生意，你的生意就会越做越大，最终发财致富。这不就是吃亏是福吗？又如闽台民间宣扬"积善之家，必有余庆"，"积德之家，福泽后人"，就是劝谕世人积德行善，你的子孙也将因此而获得福报。

自1978年党的十一届三中全会以来，我国实行改革开放政策，社会经济得到快速发展，取得令世人惊叹的巨大成就，成为世界第二大经济体，广大人民生活水平不断提高。党和国家还广泛深入地对广大农村开展精准扶贫工作，至2020年，全国农村已经达到百分之百脱贫，扶贫工作取得举世瞩目的成就。全国绝大多数民众进入了小康社会，过上了幸福的生活。但是，令人遗憾的是，人们的幸福感并没有与物质生活水平的提高成正比，前者远落后于后者。一个人的幸福生活，应包含物质生活水平和精神上幸福感的共同提升。党的十八大提出，全党应把为人民谋福祉作为全面深化改革的出发点和落脚点，因此，建设当代中华"福"文化，树立社会主义幸福观，提高人们的幸福感是一项具有重大理论价值和现实意义的工作。

习近平总书记指出，"要加强对中华优秀传统文化的挖掘和阐发，使中华民族最基本的文化基因与当代文化相适应、与现代社会相协调"。在党和国家把为人民谋福祉作为全面深化改革的出发点和落脚点的重大战略决策中，建设当代中华"福"文化和树立社会主义幸福观是相辅相成的。当代的中华"福"文化是海峡两岸的中国人，甚至是全球的华侨华人都能认同的"福"文化，是中华民族

共同的文化标识，是团结协作的纽带，在和平统一祖国和"一带一路"倡议促进民心相通中，发挥其应有的作用。社会主义的幸福观则是更高一个层面，即应蕴含在社会主义核心价值观之中，成为中华民族之魂、立国之本，成为党和国家实现中华民族伟大复兴、追求全国人民幸福生活的巨大动力。总之，无论是建设当代的中华"福"文化还是树立社会主义的幸福观，继承中华传统优秀的"福"文化，并将其进行创新性的发展、创造性的转化都是很有必要的。例如目前中国人民之所以物质生活水平有了很大的提高而幸福感没有得到相应的提高，一个重要的原因是缺乏一个正确的幸福观，即对幸福的主观预期与现实客观的生活有较大的落差。这是矛盾辩证的两个方面：一方面人类必须不断有更高的更多的幸福追求，才能促使人们更加努力地工作学习，去发明创新，创造出更多的物质财富和精神财富；另一方面人类也必须知足常乐，应满足于当下丰衣足食、安居乐业，尊礼重情、安康和谐的幸福生活，不要过分追求物质生活的享受，应有顺应自然、感恩奉献、立德为本、大爱行善的精神超脱。本系列著作如能给广大读者提供诸如此类的启迪，那就足以使作者欣慰了。

　　本人长期从事中国古代审计史和管理思想史的研究，也曾参与闽台文化、民俗的研究，但对近年兴起的"福"文化研究知之甚少。福建江夏学院党委书记宋建晓教授在莆田学院任职期间组织、指导学校中青年教师编写"闽台'福'文化研究"丛书，我有幸受宋书记的嘱托，协助他工作，学习到一些有关闽台民俗中"福"文化的知识。在本系列著作开始陆续出版之际，又接受了作序的任务，只好勉为其难，谈一些粗浅的认识，敬请大家批评指正。

　　是为序。

方宝璋
2022 年 9 月 3 日

目录

绪言 /1

第一章 "福"文化观念研究回溯与展望 /5
第一节 研究的背景、目的及意义 /6
一、研究背景 /6
二、研究目的 /7
三、研究意义 /8
第二节 研究现状、方法及其创新 /9
一、研究现状 /9
二、研究方法及创新 /13

第二章 福源蠡测：先贤"福"文化观念 /14
第一节 老子的"福祸相倚" /14
一、福祸辩证，互为因果 /15
二、功遂身退，天之道也 /16
三、"少则得，多则惑" /18
第二节 孔子的"入世有为" /21
一、"仁"为核心：加强德性的塑造 /22
二、"礼"为律约：对人约束，各安其分 /23
三、"中庸"为手段：解决社会问题的方法 /25

第三节　孟子的"君子三乐"与"制民恒产"　/ 27
　　一、"福"的物质基础　/ 28
　　二、"福"的精神建构　/ 29
第四节　庄子的"逍遥为福"　/ 33
　　一、未免乎累：一种绝对"无待"的自由　/ 33
　　二、鼓盆而歌：乐天知命的生死观　/ 36
　　三、不移于情，不困于心：绝对幸福的方向　/ 38
第五节　荀子的"得福有法"　/ 40
　　一、祸与福邻，莫知其门　/ 40
　　二、顺类生福，逆类生祸　/ 41
　　三、蔽塞之祸，不蔽之福　/ 43
第六节　韩非的"全寿富贵"　/ 45
　　一、缘道理以从事，则无不成　/ 46
　　二、思虑熟而行端直，则避祸得福　/ 48
第七节　贾谊的"安利为福"　/ 50
　　一、修德之理，自身安利　/ 51
　　二、慎言善行，福灾之本　/ 54
第八节　董仲舒的"天道义利"　/ 56
　　一、天道：董仲舒"福"文化观念的理论元点　/ 56
　　二、义利：董仲舒"福"文化观念的德性指向　/ 58
第九节　王充的"福虚之论"　/ 60
　　一、命禄有定，逢遇无常　/ 61
　　二、天不佑福，遭遇适然　/ 63
　　三、禀命验吉，政和应瑞　/ 64
第十节　苏轼的"豁达乐天"　/ 67
　　一、天风海雨，随遇而安　/ 68
　　二、养生积福，自寻快乐　/ 70
第十一节　袁了凡的"福由己求"　/ 71
　　一、改过之法　/ 72

二、积善之方　/74
　　三、谦德之效　/75
第十二节　曾国藩的"家书话福"　/77
　　一、勤：勤劳则家兴　/78
　　二、俭：奢靡则家败　/80
　　三、谦：谦谨则载福　/82
第十三节　王永彬的"围炉谈福"　/83
　　一、慎言免灾，散财积福　/84
　　二、不宜之利，福终为祸　/86
　　三、语言尖刻，终为薄福　/87
　　四、富贵宜廉，衣禄需俭　/88
第十四节　张潮的"幽梦"谈福　/89
　　一、"五福"论之读书之福　/90
　　二、人莫乐于闲　/93
第十五节　林语堂的"达观为福"　/94
　　一、寻绎幽默，发现快乐　/95
　　二、崇尚悠闲，享受生活　/96

第三章　百年赤帜：人民有党福齐天　/99

第一节　"服务于民"　/100
　　一、谋福宗旨：一切从人民利益出发　/102
　　二、谋福定位：毫不利己，专门利人　/105
　　三、谋福觉悟：排除万难，争取胜利　/107
第二节　"共同富裕"　/109
　　一、求福路径：对内改革，对外开放　/111
　　二、求福目标：人民为中心，民生为指南　/114
第三节　"造福之论"　/116
　　一、为官一任，造福一方　/116
　　二、扶贫先扶志："福"的经济保障　/118

三、增进民生福祉，提高人民生活品质　/120

四、推动绿色发展，人与自然和谐共生　/123

五、追求人类福祉，促进世界和平发展　/126

第四章　闽台福话：福满人间塑吉祥　/129

第一节　妈祖信众的"福神守望"　/129

一、懿德流芳的海上福神　/130

二、妈祖的多元神职　/132

三、信众祈福：福泽种于心田　/133

四、丝路传福：妈祖福泽远播　/136

五、仪式：祈福有"礼"　/139

第二节　闽南人的祈福境界　/142

一、"重乡崇祖"：厚德求成的造福担当　/143

二、"爱拼敢赢"：求新自强的求福精神　/146

三、"重义求利"：求真务实的聚福修养　/147

四、"山海交融"：灵活求达的纳福格局　/148

五、"闽式教导"：绵延后人的惜福传承　/149

第三节　闽都神韵："有福之州"　/151

一、文化之福　/152

二、美景之福　/156

第四节　客家人的"安宁康健"　/157

一、美食之福：舌尖上的客家　/157

二、勤勉传福："勤俭布娘"的持家智慧　/158

三、游龙作福：敬神感恩来求福　/159

第五节　承德传善的福建家训　/160

一、训以治家　/161

二、训以育人　/163

三、训以养德　/164

第五章　吉事有祥：福至心灵万物现　/167

第一节　吉祥物："福"文化观念的物化体现　/167
一、祈愿载体："锦鲤"式崇拜　/169
二、镇宅摆件：具有仪式感的传统物件　/170

第二节　吉祥话："福"文化观念的现实沟通　/174
一、《诗经》对吉祥话语言系统的丰富与强化　/174
二、现代人婚礼中的吉祥话　/176

第三节　闲适会玩：生活方式中的"福"体验　/177
一、闲适：体现人生情趣与生活品质　/178
二、会玩：调节自己与物、人、内心的关系　/179

结语　/182

主要参考文献　/186

绪言

无论在哪儿，只要有中华儿女的地方，我们就一定可以找到"福"字。"福"的观念从古代延续至今，人们对幸福的憧憬和追求是如此一以贯之。中国福建省还以"福"字命名，所辖地区包括福州、福清、福鼎、福安等，这些地方无不包含着对美好生活的期许。

"福"文化在中国具有源远流长的历史，逐渐演化并融入生活之中。若从字形上看，最早甲骨文的"福"字形状特别像黄河流域先民使用的尖底瓶，这种尖底瓶是用来酿酒的器物。为什么福和酒有这么深厚的联系呢？这就要从中国最初的酒说起了。早在商周时期，农业文明刚刚起步，粮食收成完全依赖自然的赐予。如果谁家的粮食不但够吃，还有剩余部分可以拿出来酿酒，这不是幸福是什么呢？何况酿酒可不是一般的活计，在当时饥寒交迫的环境中，如果谁的家里不但酿了酒，这酒还一时半会儿喝不完，就会储藏在家里，那就引出了另一个文化符号"富"。

酒香来自神秘的祝福，因此，第一碗酿出来的美酒，要献祭给火焰。相传，火焰的高度即是神灵回馈的显化，酒香则火焰高，也因此"福"来。随着汉字的进化，酒的形象已经慢慢从"福"的字形中消失不见了，但文化传统却留存了下来。在我们可以称得上是幸福的场合，酒几乎不曾缺席。"福"与酒就这样共生千年。这只是"福"在人们的生活中外化的一种表现。

到底什么是"福"呢?"福"字在中国人的生活中经常出现,象征着人们最质朴的期待和心愿,它代表着世上一切美好的事物,其概念范畴丰富而广阔。通过检索"汉典"数据库可知,"福"字作为名词有7种含义,作为动词有5种含义。具体来讲,作为名词,"福"可以解读为:其一,家富则有福。其二,富贵寿考等齐备。这层含义曾出现在《说文》、贾谊的《道德说》《荀子·天论》《礼记·祭统》《易·晋》《诗经·小雅·桑扈》《诗经·鲁颂·闷宫》《韩非子·解老》《老子》等典籍之中。其三,福泽(福分、福气)、福缘(福气)、福寿(幸福长寿)。其四,祭祀用的酒肉。《礼记·少仪》《周礼·膳夫》中有相关表述。其五,福礼(祭祀用的供品)、福酒(祭过神明的酒)、福食(供祀神用的食物)、福脯(祭祀用的干肉)。其六,用于书信中,表示良好祝愿。如:福安、福体、福躬(旧时书信中对尊长的敬语,指安吉的身体)。其七,姓。"福"字作为动词,具有以下五种含义:其一,赐福,保佑。《诗经·鲁颂·闷宫》《左传·庄公十年》中有所提及。其二,福田(佛教认为积善可得福报,犹如种田就会有收获一样);福柄(指行赏行罚的权力);福神(能赐人幸福的神灵);福善祸淫(赐福给为善的人,降祸给作恶的人)。其三,亦作"拂",行礼。上身稍微前倾,双手重叠在偏右方向上下移动。其四,通"副",相称,符合。(见《史记·龟策列传》与张衡《西京赋》)。其五,福德(符合道德准则)、福望(符合众人的愿望)。以上是从"福"字的本义去理解。

"福"文化观念是华夏文明的组成部分,这种趋吉避凶的观念存在于每一个华夏儿女的认知与生活实践之中,更是中华民族的不懈追求与伟大的信念。中国文化专家葛兆光指出:"中国人都是在家庭、家族、家乡中生长,也是要在这些环境中寻找安全感的,所以个人的幸福、家人的健康、子孙的延续、家宅的平安,都是相当重要的……过去,北京、上海常常有商人印行《喜歌》,就是唱给人听的贺喜歌,很能反映人的这些思望,这些歌曲唱的主要就是六类内容:贺登科、贺生子,祝寿、盖房、贺开张、娶亲。从这些歌曲表达的内容中就可以知道一般民众关心的是什么。对于古代中国人的几件喜事——他乡遇故知,洞房花烛夜,金榜题名时,你不能说这是庸俗的愿望,应当说它是世俗的向往。"① 葛兆光先生形象生动地描绘了中国人对"福"的朴素认知。"'福'文化具有明显的泛化特征和极大的包容性,基本上可以囊括所有的生活领域,只要是想追求的美好事物都可以用'福'来表达,如口福、耳福、艳福、清福、家之福、国之福等等,不一而足,凡有所求得到满足就是福。"② 着眼于世俗层面,"福"带有百姓较强的心理功利色彩。

现代汉语中的"福"字是由"礻""一""口""田"四部分组成。"礻"有福禄之意,所谓"一口田,衣禄全"。可见,现代"福"字继承了古人对富贵生活的期盼。正如习近平总书记所说:"古往今来,过上幸福美好生活始终是人类孜孜以求的梦想。"③ 而中国人把这种"福"文化观念在世俗的生活中表现得更加淋漓尽致。从物质、社会关系、精神、艺术、语言符号、风俗习惯这六个文化系统层面观察,处处都有"福"文化的痕迹。譬如很多人会在家里的客厅悬挂桃木制作的"福"字挂件("福"的物质文化);参加朋友新公司开张庆典时会说类似"恭喜发财"的吉祥话("福"的社会关系沟通);雕塑、音乐、书法、剪纸等作品都会从"福"文化中寻找创作的灵感("福"文化艺术再现);逢年过节时会彼此编写并发送讨喜的祝福语("福"的语言符号传播);还有去寺庙祈

---

① 葛兆光:《古代中国文化讲义》,复旦大学出版社,2012年,第174页。
② 卢翠琬、刘建萍:《闽台福文化的多维呈现与多元开发》,《闽江学院学报》2022年第6期,第10页。
③ 习近平:《决胜全面建成小康社会 夺取新时代中国特色社会主义伟大胜利——在中国共产党第十九次全国代表大会上的报告》,人民出版社,2017年,第1页。

福等仪式活动（民俗宗教等）。诸如此类，都是中国人"福"文化观念在生活中的现实体现。

  要而言之，"福"文化观念由来已久，凡是趋向于美好生活，让人向往的状态，都可以纳入"福"文化的范畴去考量。前人对"福"文化理论维度缺乏系统的梳理和剖析，特别是没有从先贤的典籍和当下的生活中寻绎"福"文化精髓，而以上不足之处正是本书拟解决的问题。本书力求以相对通俗的语言诠释"福"文化，同时，又本着严谨的学术态度，在前人的基础上对观念进行挖掘和创新。

第一章 "福"文化观念研究回溯与展望

"福"是一种生活哲学观念，也是中国传统文化中对人们影响最为深远的观念。时至今日，人们对"福"的范畴理解颇为宽泛。"越是生活资料相对缺乏的地区，其原生的福文化就越旺盛。不如意的物质生活将原始的崇拜观念保留为一种精神慰藉，协调了人们在现实困境中既无奈又不甘于现状的心态。"[①] 中国人特别崇尚大团圆的观念，譬如：四世同堂、家庭和睦、富贵长寿、人际和谐、人与自然和谐、风调雨顺、安居乐业、六畜兴旺、国泰民安等。

艺术理论学者李江认为："人们对福的向往和追求是在现实与理想的矛盾中发展起来的，人类普遍有追求美好事物的心理。而这种求全、求满、求完美的大团圆思想，是中华民族传统心理特质之一，在中国的传统文化中表现得尤为明显，并逐渐形成比较固定的心理结构，这也是推动'福'文化发展的一个重要因素。"[②] 中国历代先贤们对生活都有独特的见解，其中很多文字虽未直接明确提到"福"字，但是在指导人们如何生活，面对困难如何应对等方面都有着崇福、纳福的意蕴在其中，这些"福"文化观念都需要我们加以留心，以帮助自己找到幸福生活的方法。

---

① 李江：《中国传统福文化研究》，中国轻工业出版社，2019年，第76页。
② 《中国传统福文化研究》，第68页。

譬如老子认为福与祸在生活中是个辩证的关系，而趋福避凶的方法有很多，"功遂身退""少则得，多则惑"等都是不错的方法；又如孔子的"入世有为"、孟子的"君子三乐"、庄子的"逍遥为福"、荀子的"得福有法"、韩非的"全寿富贵"、贾谊的"安利为福"、董仲舒的"天道义利"、王充的"福虚之论"、苏轼的"豁达乐天"、袁了凡的"福由己求"、曾国藩的"家书话福"、王永彬的"围炉谈福"、林语堂的"达观为福"等，诸如此类的"福"文化观念还有很多，亟待学者们去一一阐释。

新中国成立后，在中国共产党的领导下，人民的生活水平有了质的飞跃，幸福感日益增强。中国共产党一路前行，既有人民的努力，也依靠着强大的精神助力。在不同的时期，我国人民都展现出了不同的奋斗精神。红船精神、井冈山精神、遵义会议精神、延安精神、南泥湾精神、西柏坡精神等，这些文化精神支撑着中国共产党带领中国人民获得了民族解放。新中国成立之初，国家开启了社会主义建设阶段，大庆精神、铁人精神、雷锋精神、焦裕禄精神、"两弹一星"精神，让中国的发展不断前进，这些精神指引着中国人民进行艰苦卓绝的建设，将一个一穷二白的国家变得日益富强与文明，人民的幸福指数获得了空前的提升。中国共产党人的"服务于民""改革开放""三个代表""科学发展""造福之论""共同富裕"的观念，这些内涵也可以视为对"福"的时代性感悟与实践。此外，"福"在当代人生活中通过物化形式或是语言的表达，又有着不同的特色。这些都是本书所要论及的内容。

第一节 研究的背景、目的及意义

一、研究背景

中国共产党一直以营造人民的幸福生活为己任。"中国共产党在完成领导中国人民站起来的历史使命之后，就踏上了如何使人民富起来、国家强起来的历史征程。"① 党的二十大报告中指出:"全面建成社会主义现代化强国,总的战略安排是分两步走:从二〇二〇年到二〇三五年基本实现社会主义现代化;从二〇三五年到本世纪中叶把我国建成富强民主文明和谐美丽的社会主义现代化强国。"② 2014年3月28日,习近平同志在德国科尔伯基金会发表题为《走和平发展道路是中国人民对实现自身发展目标的自信和自觉》的演讲,他提到:"中国有13亿多人,只要道路正确,整体的财富水平和幸福指数可以迅速上升……"③ 伟大的时代产生伟大的理论,伟大的理论引领时代的发展。

2022年2月8日,中共福建省委宣传思想工作领导小组办公室印发《关于推动"福"文化资源转化利用 打响福建"福"文化品牌的实施方案》,方案要求推出一批较高水平的"福"文化理论研究成果,号召推出有理论深度、学理厚度、具有原创性的精品力作,强化"福"文化研究阐释。基于此,本著作拟对中国传统"福"文化观念进行一番梳理,从个案切入,期待抛砖引玉,引发人们对"福"文化做出更全面的理解。

二、研究目的

本书以纵向时间为序,选取从先秦儒道至现当代"福"文化观念的个案,又从闽台"福"文化中挑选代表性观念加以阐述。重点解决几个维度的问题:其一,如何界定"福"文化?其二,中国古代先贤们是如何看待"福"文化的?其三,中国共产党人的治国理

---

① 甘婷:《中国共产党初心使命深化进程中的"福"文化解读》,《集美大学学报》2022年第4期,第11页。

② 习近平:《高举中国特色社会主义伟大旗帜 为全面建设社会主义现代化国家而团结奋斗——在中国共产党第二十次全国代表大会上的报告》,人民出版社,2022年,第24页。

③ 习近平:《习近平谈治国理政》第一卷,外文出版社,2018年,第265页。

政观念中,哪些指向人民幸福生活的内容也可以视为马克思主义视维下"福"文化观念的创造性运用?党为人民所谋求"福"的内涵是怎样的?其四,闽台地区"福"文化有何特点?其五,中国传统"福"文化观念在当代人的生活中是如何体现的?本书以点带面,不求面面俱到,只求深度挖掘中国"福"文化源流。同时,本书虽然从观念的理论层面着眼,但是在表述方式上力求通俗易懂,以提升全书内容的普及性,具有随笔体学术著作的特点。不过,在文献的使用中,又保持严谨的学术性,所参考和引用的文献力求权威、规范。本书亦可作为学者们做学术研究时参考使用。

三、研究意义

一方面,通过对"福"文化的探究可以深刻理解八闽大地的"福"文化风情。在八闽大地,"福"文化是具有深刻价值内涵的思想理念,更是生动持续的创造实践。福建人民深刻演绎着"福",福建家训中也多有纳福、惜福的劝勉和警示。"福"不仅是美好的祝愿和期盼,更是日常生活中的具体落实、社会经济文化发展的全面实现。

千百年来,福建人民以各种形式传承和演绎着"福"文化。民俗中有丰富多样的祈福活动;人们还在建筑、服饰、饮食方面,用各种生动活泼的形式表达对"福"的向往与追求。精神文化动力能转换成强大的生产力,促进社会经济方方面面的发展。我们看到,这片东南之地,人民物质生活富足、城市建设日新月异、自然生态和谐。福建所有设区市人均 GDP 均超全国平均水平;地区生产总值接连跃上 4 万亿元、5 万亿元台阶;是全国唯一保持水、大气、生态环境全优的省份,生态文明指数全国第一。这些发展成果惠及万千百姓,称得上是真正的有福之地。而"福"文化在本土传承延续过程中,早已潜移默化、内化于心,塑造着人们的价值理念,也成为福建人民砥砺前行的强大动力。福建人民团结一心,积极进取，追求生活的幸福、心灵的安宁、德福的兼备、家庭的和美、与自然的和谐共处。

另一方面，"福"文化作为中华优秀传统文化的一个重要组成部分，无时无刻不影响着每一个中华儿女。对中华传统"福"文化的探究，有助于加深对自身日常思维、行为、世界观等的认知，同时增强文化自信。

"福"文化为中华优秀传统文化的重要一部分，已延续传承几千年，源远流长，寓意深远。"福"字如此美好，它有着丰富广阔的概念，代表着人世间一切美好的事和物，象征着人们最质朴的心愿和期待。"福"文化，千百年来传承亦传达现实关怀，人们从中深刻感受到中华优秀传统文化的精神吸引力，汲取着砥砺前行的力量。

第二节 研究现状、方法及其创新

一、研究现状

歌德曾经说过："凡是值得思考的事情，没有不是被人们思考过的，我们必须做的，只是试图重新加以思考而已。"①"福"文化从夏商周时期就开始萌芽，从《尚书》《庄子》等典籍中可以看到先民趋吉避祸的观念，从最初简单的祈福意识，慢慢衍生出更广泛和抽象的"福"文化观念。

最有代表性的是《尚书》中提出的"五福"观念，即"五福：一曰寿，二曰富，三曰康宁，四曰攸好德，五曰考终命"②。这个

---

① ［德］歌德：《歌德的格言和感想集》，程代熙、张慧民译，中国社会科学出版社，1982年，第3页。

② 李学勤主编：《十三经注疏·尚书正义》，北京大学出版社，1999年，第323页。

观念对后世影响颇大，基本上是对"福"文化观念进行的总体规约。秦汉时期"福"文化观念多样化，表现方式和理念也十分丰富。此后，"福"文化逐步添加了儒、释、道的文化元素，除了富、丰收、婚配、禄、衣食无忧、和谐、平安、多子多孙之外，还将顺天、顺君、顺亲、修德、福祸辩证观（如老子、王充等）、豁达、勤俭、出世入世等融入"福"文化之中。到了明清时代至民国时期，"福"文化走进了老百姓的生活，通过服饰、器物、建筑、刺绣等载体，在民间得到了快速发展。以器物为例，明代的朱瞻基所绘制的《三鼠图卷》中，瓜和鼠的组合寓意着多子多孙，这是朱瞻基当年喜获长子后通过作品表达日后多子的祈愿。清朝雍正年间的青花松鼠葡萄纹盘上面画有硕果累累的葡萄，暗示"多"，松鼠有"多子"的寓意，松鼠配葡萄，就表示子孙繁盛。这也是明清时代常见的"福"文化的符号。

明代朱瞻基《三鼠图卷》局部

清朝雍正年间的青花松鼠葡萄纹盘

民国时期,潜心治学和享受生活等"福"文化观也在胡适、林语堂等学者与名人身上得到体现。到了当代,中国共产党人直接将为人民谋福、造福作为初心和使命。习近平同志就曾提出"中国共产党人的初心和使命,就是为中国人民谋幸福,为中华民族谋复兴"①。而闽台地区"福"文化观念更是独具特色。譬如客家人的

---

① 《决胜全面建成小康社会 夺取新时代中国特色社会主义伟大胜利——在中国共产党第十九次全国代表大会上的报告》,第1页。

安宁康健、闽南人的开拓之论、发源于闽东莆田的妈祖信俗福神守望观念、有着福都之称的福州"有福之州"的观念及实践。

  目前,对于"福"文化观念的研究,比较有代表性的成果有:李江《中国传统福文化研究》(中国轻工业出版社,2019年),从"福"文化概念、价值内涵、根源切入,具体谈到了"福"文化的表现、衣食住行中的"福"文化,总结了9条祈福民俗,还特别指出了"福"文化的当代意义;勾承益《福·福气·福音:中国民间求福习俗》(四川人民出版社,2009年),其中有两章从儒道文化中提炼了一部分致福观念,又从古人名句名言中提炼了10条"福"文化观念;赵华明《福和谐:中华福文化与和谐社会》(中共中央党校出版社,2006年),全书篇幅构架宏大,其特色是从当代的生活实践中提炼"福"文化要素;殷伟《福:中国传统的福文化》(福建人民出版社,2014年),从民间信俗中梳理"福"文化的表现形态,包括典故、吉祥话、谐音、福神、祥瑞图、祈福与摸福等,在第十二章"有福之州福多多"中对闽台"福"文化有简略介绍;王达人《中国福文化》(北京工业大学出版社,2005年),主要从"福"字入手,总结生活中的"福"字形态;蓝先琳、王抗生、李友友《中国吉祥艺术丛书》(江西美术出版社,2004年),以"福"主题的图片资料为主,展示了如剪纸、木版年画、风筝、枕顶刺绣、木雕挂落、砖雕影壁、铜雕、木雕果模、泥塑、腰带刺绣、针线包等18种"福"文化载体;梁银林《禄·禄愿·禄瑞——中国民间迎禄习俗》(四川人民出版社,2009年),主要围绕"禄"这一"福"文化元素,介绍了禄字、禄星、禄神、禄愿、禄瑞等。

  总体而言,国内对"福"文化的研究内容涉猎广泛、视野开阔、方法多样、新意频出。规范研究站位高远、学术自主性鲜明,颇具理论建树;经验研究因其强烈的问题意识而颇具现实观照和学术关怀。不足之处在于:其一,微观与宏观层面较多,中观层面研究较少;其二,未能系统地对中国"福"文化观念做出分析和整理。至今为止前人没有将"'福'文化观念"直接提出并加以系统理论化阐释;其三,研究成果中多缺乏系统性学理阐析和实践向度的整理与分析。这些不足正是本课题力图突破的地方。本书着力分析中国"福"文化观念的来源,剖析其观念的逻辑、内涵与特征,对"福"文化观念在实践向度的运用展开探索与展望,建构适合中国特色社会主义进入新时代关键时期的"福"文化观念体系。

二、研究方法及创新

以文献研究法、文本分析法为主,爬梳中国传统典籍中的"福"文化观念。本书立足中国视角,既关注中国"福"文化观念的整体,力求从传统经典中剖析中国先人的"福"文化智慧。"经典中已经解释了什么是快乐,但这个时代我们已经很少接触经典,而往往只是从社会和时代给予的信息中了解什么是快乐,而我们无法判断所谓的快乐是不是真正意义上的快乐,因为我们没有正确的标准,只是盲目地跟着别人走。"[①] 关注中国当代的"福"文化现象,对之进行解析,对深入了解闽台"福"文化大有助益。本书既有宏观的视角,又有微观个案的探究。但整体上看,这是一部在中国"福"文化研究和探讨方面具有概括性的一部著作。全书引用国内外新理论,吸收运用了一些新的研究方法,在融合中西方的理论方面作了一些有益探索,会给人耳目一新感觉。在语言方面,采用随笔体学术著作的方式写作,又兼顾学术层面的严谨性,适合广大读者阅读使用。

---

① 文池主编:《在北大听讲座》第18辑,新世界出版社,2008年,第242页。

第二章 福源蠡测：先贤"福"文化观念

本章力求从个案出发，以点带面地梳理先贤"福"文化观念。"中国传统的"福"文化以幸福为思想内核和价值取向，内涵幸福理念，及以科学合理的幸福观为主要内容的文化形态和文化现象。其核心理念是如何把一种正确的、合理的、科学的幸福理念植入人们的生活，使人们的决策与行动遵循幸福的准则或幸福的特性，即幸福文化所倡导的基本原则，包括简单原则、适度原则、道德原则和和谐原则等，在这种幸福原则的指导下，人们方得以科学、有效地获取和享受幸福生活。"[①] 基于此，本章主要选取从先秦到近现代的十余位代表性人物，即：老子、孔子、孟子、庄子、荀子、韩非子、贾谊、董仲舒、王充、苏轼、袁了凡、曾国藩、王永彬、张潮和林语堂，分别从他们的主要著作中提炼与"福"文化相契合的观念，以飨读者。

第一节 老子的"福祸相倚"

《老子》中包含了大量的格言式名句，集中起来，就成了五千

---

① 陈湘舸、杜敏：《幸福文化及其价值定位》，《甘肃社会科学》2008年第6期，第61—66页。

字的《道德经》即《老子》。这本书对于福祸的表述是辩证的。通读《老子》这本书，不难发现老子关于"福"文化的观念主要体现在三个方面：其一，事物都互为因果，我们要用辩证统一的视角去看待福祸；其二，积福重在藏器于身，功遂身退，避开锋芒，讲究以低求高；其三，在福的积累和收获方面，要体会"少则得，多则惑"的道理。

《史记》记载："老子者，楚苦县厉乡曲仁里人也，姓李氏，名耳，字聃，周守藏室之史也。"[1] 老子的职务是周朝的守藏吏，相当于我们现在的国家图书馆或国家档案馆的工作人员。在先秦时期，巫官、史官、乐官常常是世代相传的。老子的"福"文化观念就建立在深厚的史官文化之中。因为史官看透了历史，自然能够总结出很多社会、人生的规律和对幸福生活的独特感悟，用类似格言的语言形式表现出来，代代相传。作为守藏吏的老子，享年较高，对成败存亡、古今祸福之事烂熟于心，他对福祸的见识有洞悉历史轨迹的深邃。

一、福祸辩证，互为因果

老子有言："祸，福之所倚；福，祸之所伏。孰知其极？"[2] 这句话体现了老子所开创的辩证式"福"文化观念。老子注意到很多事物都是彼此涵涉交叠的，其间没有明确的界限。"譬如祸与福是对立的，但我们怎能在'祸'的领域内，把'福'的因素排除净尽？又怎能在'福'的领域内把'祸'的因素完全根绝？既不能排除干净，'祸'中便一定含有'福'，'福'中也必定含有'祸'了。"[3]《淮南子》中讲述了一个"塞翁失马，焉知非福"的故事，通过跌宕起伏的极富戏剧性的情节，阐述了祸与福的对立统一关

---

[1] 司马迁：《史记》，韩兆琦译注，中华书局，2010年，第4430页。
[2] 朱谦之：《老子校释》，中华书局，1984年，第235页。
[3] 张起钧：《智慧的老子》，广西师范大学出版社，2006年，第4页。

系，即坏事在一定条件下也可能变为好事。这其实就是承继了老子这种"祸福相倚"的"福"文化观念。在日常生活中，福中常潜伏着祸的根源，祸中常含藏着福的因素。所以说，祸与福是相依相生的，彼此之间处于运动变化的状态，不会静止不动。"只有把幸福当作一种动态过程，才能在身心的运动中感受持久的幸福。"[①] 老子提供了一种以运动变化的心态看待福祸的思路。

事实上，正邪与善恶莫不如此。南宋学者范应元有言："倚，依也。伏，隐也。极，尽也。无正，尤言不定也。……盖吉凶悔吝生乎动也。由动而往，则福依于祸，祸隐于福，而谁能知祸福之穷尽乎。疑其无定邪，是有定也。能知察察之为祸而不为，则便是福。若以察察之为福而有为，则便是祸。然则祸福元有定矣，故《太上》曰'祸福无门，唯人自召'。"[②] 甚至一切事象都在对立的情状中反复交变着，永无止境。这种循环起伏之理，常令人迷惑不解。老子希望人们不要片面地去解读生活中的福祸，要辩证统一地看待问题。在好事发生的时候，不要得意忘形，要有所警惕，因为其背后往往也潜伏着祸患。不好的事情发生了，也不要过于沮丧。人们常说"福从逆中来"，看似再糟糕的境遇，或许其中也会蕴含着新的机会。祸福无常，我们观察事物，不可以停留在表面，应从显相中去透视里层，作全面的了解。如此，才使我们不致为眼前的困境所陷，也不致为当下的心境所执迷。

二、功遂身退，天之道也

功成名就虽然让人期待，但是福不可太满，盛极必衰是老子向

[①] 欧文辉：《老子思想对现代幸福观的启示》，《辽宁教育行政学院学报》2011年第6期，第103页。

[②] 范应元：《老子道德经古本集注》，华东师范大学出版社，2010年，第103页。

世人多次强调的一个哲理。老子曰:"功成、名遂、身退,天之道。"① 其实"身退"并不是隐身而去,隐匿形迹。这里的意思是要收敛与含藏,不发不露。老子要求人在完成功业之后,不把持,不据有,不露锋芒,不咄咄逼人。可见,老子所说的"身退",并不是要人做隐士,而是要人不自我膨胀,以此获得福报。

林语堂说:"所谓生命,乃是一种不断的变迁,交互兴盛和腐败的现象,当一个人的生命力达到巅峰时,也正象征着要开始走下坡了,又如潮水的消长,潮水退尽,接着开始涨潮。"② 老子的哲学不能简单理解为遁世思想,他其实是在告诫人们,在事情做好之后,不要贪慕成果,不要尸位素餐,而要收敛意欲,含藏动力。"我们可以清楚地知道,'功成'之道是法'道'而行的,并且老子是肯定并倡导这种'功成'之行的。因为此'为'有'利万物',是顺应自然来发挥人类的努力,而人类所得到的成果却不必据为己有,即'生而弗有''为而弗恃',功成身退。"③ 老子认为,一个人在功成名就之后,如果能"身退"不盈,才是长保之道,也是真正的求福之本。

老子的"福"文化观念放在现代也很好理解,有句话叫作"功成不必在我,功成一定有我",其实就是这么一种"福"文化境界。"老子认为就像昼出夜没、寒来暑往、花草开谢一样,符合天道变化之道;所以世人要明白'花无百日红,人无千日好'这种变化之道,处功名成就之时,就应像花果草木盛开后悄然逝去,这样才可'无尤'。"④ 当人在做事情的时候,他的目的并不是为了成功之后

---

① 《老子校译》,第35页。

② 林语堂:《老子的智慧》,黄嘉德译,湖南文艺出版社,2016年,《绪论》第13页。

③ 李春阳:《论〈老子〉的"功成身退"之道》,《安徽文学》2012年第5期,第134页。

④ 刘德康:《老子直解》,复旦大学出版社,1997年,第35页。

享受那个结果，而是为了实现自己的人生价值，那么在成功之后他会选择的是另一种挑战，而不是安于现状享受成果。就比方说我们到一个新的岗位工作，我们的目标是在这个岗位上获得什么样的心智和新知，从而让自己成长为一个什么样的人；当我们达成目标之后，也就是通过成就部门的价值目标从而使自己的个人目标达成之后，当下的环境也就很难再有突破了，或许就是选择离开之时。春秋末年的范蠡、西汉的张良、明代的姚广孝，这些人都是选择了功成身退，从而得以善终。在中国历史上，凡是知道这道理的，最后都功成名就、得到善终了；不知道这一点，过于追求完美，不晓得进退之道的，大多都不能善终。

在处世方面，老子告诫人们不要居功贪位，不要觉得天下离了你不行。尤其在生活之中，不要老是把对别人的好挂在嘴上，不要总是将为别人提供的帮助到处传扬，将自己当作别人的恩人，反而要感谢别人给了你行善的机会。要保持低调，觉着自己应该去做。当别人给了你帮助他的机会时，要从心底里感激他，感谢这个机会。而古往今来多少人，只知道进而不知道退，所以，最终的结局悲惨。辅佐勾践成功复位的大臣文种，他不明白"狡兔死走狗烹，飞鸟尽良弓藏"的道理，贪恋禄位，终于被不能同富贵、猜忌心极重的勾践所杀，为自己招致祸端。李斯在秦始皇死后，贪利忘义，放不下对名利地位的追求，跟赵高合谋，扶胡亥上位，不惜做出矫诏害死扶苏这样违背道义的事情，最终被赵高陷害，身死族灭，何其悲哀。

三、"少则得，多则惑"

老子认为："少则得，多则惑。是以圣人抱一为天下式。"[①] 在"福"的积累和收获方面，少取反而会多得，贪多反而迷惑。"少而精往往胜过多而博。生活中我们会发现，那些内心真正有力量的

---

① 《老子校译》，第92页。

人，可能并不拥有世俗意义上的成功，但可以让生活从复杂走向单纯，从单纯走向纯粹，盯着自己应该做的事情，心系一处、臻于至善，随着时光流淌而慢慢得到自己所追求的生活。"① 现代社会可供选择的机会太多太多，对人的诱惑也太多，在这些诱惑和机会面前，我们往往会迷失自己，不知作何选择，陷于迷惑之中。老子要我们不要贪多，还告诫我们不要自我表现、不要自我夸耀，不要自以为是。选择的机会多了，我们往往就不知道该要什么了，而没有什么让你选择，我们反倒能得到面前的东西。坐公交车，空位多你会困惑，不知坐哪里舒服；而如果这时候只有一个座位，我们会毫不犹豫走过去坐下来。摆在你面前的食物太多的时候，有的人也会困惑，会纠结着先吃什么好呢？菜少的话，人们就常常会饥不择食了。王弼注曰："天下有道，知足知止，无求于外，各修其内而已。……贪欲无厌，不修其内，各求于外。"② 很多人做事情容易贪多，家里的衣服要多，家具要多，存款要多，企业的利润要多。"现代生活节奏飞快，大多数人都有来自情感方面、工作方面、经济方面等各种各样的生活压力，人们长期处于精神世界空虚，身体亚健康状态。他们目前所面临的主要问题是健康衰退、心灵空虚、关系疏远、资源紧缺。"③ 人们时常在生活中做加法，不断在自身加诸各种物质和名利层面的外物，以满足自身对"福"的追求。"福"被片面理解为物质更多、地位更高、声名更广等。

人人都渴求获得福，但却对福缺乏深刻的洞见，譬如盲目追求对物质丰富和感官刺激上的满足。"幸福既经如此误解，于是为了追求幸福，便竭全力来追求这满足的愉快了。要使愉快不断地产生，一是求其量的增多，一是求其质的变化。量的增多，便是要使

---

① 张艳兵：《少则得 多则惑》，《秘书工作》2021年第12期，第29页。
② 王弼：《老子道德经注》，楼宇烈校释，中华书局，2011年，第129页。
③ 邓晓莉：《互联网背景下"乐活"生活理念及行为模式研究》，《科技视界》2017年第24期，第60页。

生理要求的满足机会增多，而实际则归落于对物品财货的追逐。……至于质的变化，则是起于人们的厌旧喜新。"① 老子的伟大之处在于其看法往往与众不同，在于能看到常人所看不到的地方，能在日常琐事当中发现本质规律。比如我们看到弯曲、低洼、破旧的东西，总是觉得这是些不完善、应该修补的东西，老子却认为这些常人所不重视的，甚至鄙视的东西反而具有重要作用，这些东西恰恰是它们对立面——所谓完善、美好东西的根源。

美国学者莱斯特.R.布朗认为："自愿的简化生活或许比其他任何伦理更能协调个人、社会、经济以及环境的各种需求。它是对唯物质主义空虚性的一种反应。它能解答资源稀缺、生态危机和不断增长的通货膨胀压力所提出的问题。社会上相当一部分人实行了资源的简化生活，可以缓和人与人之间的疏远现象，并可缓和由于争夺稀少资源而产生的国际冲突。"② 正反两面并不是截然对立的，而是相互依存、相互转化的。反面的、阴性的、低下的东西处理得好，正确对待，也能生成正面的、阳性的、高上的东西。同一个事物都具有正反、阴阳两方面的属性，其中反的一面能生成正的一面，阴的一面能生成阳的一面。福与祸的关系也是如此。

老子又言："故物或损之而益，或益之而损。"③ 你自以为对事物能产生增益效果的行为，恰恰会减损事物。有时候表面上看是对事物进行减损，但实际上的效果却是增益它。"一般人往往以为享用愈多，便是愉快愈大，殊不知'鹪鹩巢林，不过一枝；偃鼠饮河，不过满腹'，多了并没有用。不仅无用，反而还会有害。"④ 也就是说，表面和实质，短期和长期，结果往往是相反的。崇尚简

---

① 《智慧的老子》，第39页。

② 莱斯特·R·布朗：《建设一个持续发展的社会》，祝友三译，科学技术文献出版社，1984年，第283—284页。

③ 《老子校译》，第176页。

④ 《智慧的老子》，第40页。

单、健康、自然的生活方式，也是现代社会应当提倡的"福"文化观念。

　　《老子》一书的魅力在于蕴含了老子"福祸相倚"的"福"文化观念，在华夏文明史上显示出重要的价值。"老子关于祸福关系的论述告诫人们，不要因为眼前有祸而丧失信心，也不要因为当下有福而自我陶醉。实际上，这是一种底线思维，它要求人们在最困难（有祸）的时候看到前途（有福），在得意（有福）的时候提高警惕（有祸）。"① 所有的阅读最后都会导向心灵，潜下心来，读《老子》这部经典，试着激活日渐疲软的阅读兴趣，读者也许会在某一刻怦然心动，悟出生活的真谛。所谓"道不远人"，对每一个生命个体来说，获得福气的生活智慧无处不在，关键看你能不能意识到从哪里去感受福。而在这样一个探索过程中，这类经典会帮助我们指出一条铺在脚下的路，让我们抵达理想的彼岸，实现幸福的梦想。对于《老子》中所包含的"福"文化观念，仍需要学者们系统地进行归纳并详加阐释，使老子的"福"文化智慧给现代人更多的生活启示。

第二节　孔子的"入世有为"

　　孔子对"福"文化的认知是体现在行动上的，他主张人来到世间就应该有所作为，积极入世，实现人生价值，如此才算不枉此生，也才算得上是有福之人。在孔子看来，追求清闲的生活不值得提倡。"宰予昼寝。子曰：'朽木不可雕也，粪土之墙不可圬也！于予与何诛？'"②（《论语·公冶长篇》）这是整部论语中，孔子骂人最狠的一次，原因是他的弟子宰予睡懒觉。可以看出，孔子最痛

---

① 刘林平：《"祸福倚伏"与"塞翁失马"——祸福关系的反思与检验》，《武汉科技大学学报》2019年第6期，第651页。

② 杨伯峻译注：《论语译注》，中华书局，2006年，第50页。

恨懒惰行为，他认为所谓享清福的行为是与"君子自强不息"的儒家思想相悖的。他追求"仁、义、礼、智、信"五常之道，反对"过"与"不及"，崇尚"中庸"，保持"平和"。

春秋时期，文化经过了三次下沉，随着大批典籍和文化精英散落于民间，文化学者们渐渐从周室职官系统和政务系统中脱离了出来。他们"成为历史上第一批靠出卖知识维持生计的士"①。孔子就是其中之一。他的主要思想见于《论语》和《孔子世家》。特别是《论语》，作为一部语录体文集，它把孔子及其学生们的思想、言行宛如颗颗珍珠般串联起来，再由弟子们把孔子这些教学与生活中的点点滴滴集腋成裘，终于在战国初年被编撰成书，流芳百世。本节主要从《论语》和《孔子世家》两本书中梳理与"福"文化相关的观念。

一、"仁"为核心：加强德性的塑造

所谓"仁"，是中国古代一种含义极广的道德观念。其核心指人与人相互亲爱。孔子将"仁"视为最高的道德标准，也是君子求福的做人底线。"仁的人道主义精神，是一种忘我的、无私的精神，也是一种自强奋发的现实态度，更是一种爱护人民的理念。"② 孔子从自身的修行和期望对"仁"进行了阐述，即"克己复礼"，大意是自我约束，复兴礼仪。同时也对"仁"提出了四个标准，即"非礼勿视、非礼勿听、非礼勿言、非礼勿动"。"仁"是孔子的核心思想，包括"孝、悌、忠、恕、礼、知、勇、恭、宽、信、敏、惠"。"仁"在《论语》中一共出现过109次，足见其在孔子心目中的分量。"仁"的含义十分广泛，但是，"仁"最主要、最核心的内

---

① 张瑞、王番编：《中国教育史研究·先秦分卷》，华东师范大学出版社，1991年，第89页。

② 苏启：《孔子思想中的"礼"与"仁"》，《古今文创》2022年第17期，第45页。

容还是人发自内心的情感。"仁"就是源自我们心性本源的生命情感，它在不同情境下有不同的发用，发至父母叫"孝"，发至兄弟叫"悌"，发至朋友叫"信"。孔子认为只有做到"仁"，才算完成求福生命底色的塑造。

当然，在现实生活中我们不难发现，如果"过好"意味着过上幸福的生活，那么很遗憾，"仁"作为德性的至高原则，似乎与"福"之间并不存在必然的推导关系。有德者不一定有福，这已为历史上无数仁人志士的悲剧所证明。德福配称不是人人都所能达到的理想状态。否则，也不至于连孔子自己都无法推行其道。"譬使仁者而必信，安有伯夷、叔齐？"①（《史记·孔子世家》）意思就是说如果凡是能够达到"仁"这种标准的人，就可以让别人相信，那么，伯夷和叔齐当年就不会饿死在首阳山上了。不过，我们也应当看到孔子这种"福"文化观念的价值所在。如果"过好"意味着问心无愧，那么毫无疑问，以"仁"为标准肯定可行。仁者反求诸己，内省不疚，何忧何惧？从这个角度而言，孔子觉得，君子以"仁"为核心，加强德性生命的塑造，也是求"福"的一种必然条件。

二、"礼"为律约：对人约束，各安其分

孔子的"礼"指的是西周分封之后"君君臣臣父父子子"的关系规则，是规范人们言行举止的礼仪制度以及各种音乐，再加上"政刑"，这些他用一个"礼"字就全部概括了。当然还包括衣裳服饰、举止动容、酬酢聘问、丧葬哀思、行军祭祀等仪式。规则的关键是认同并且愿意遵守，一旦流于形式，巧言令色，就叫作"礼坏"。所以，孔子认为"仁"是"礼"的行为原则。"于生命个体而言，礼的作用在于在日常伦理生活中规范个体的行为，并从外在规范转化为主体行为的自觉，从外在要求变为内在需求，成就理想人

---

① 《史记》，第3799页。

格，我们将这一过程称为礼的内化过程。所谓内化，即礼呈现于生命、生活之中，从而达到的某种生命形态与德性境界。"① "礼"对于一个人的"福"也是重要的，因为"礼"是对人的律约，要求人们各安其分，找到自己最适合的位置，内心和行为有所安顿，福气自然会来。

我们既然可以透过人的言行举止来掌握其内心，就可以通过言行举止的修为来看心性的修养如何。孔子曰："居处恭，执事敬，与人忠。虽之夷狄，不可弃也。"②（《论语·子路篇》）恭为德性，是见容于外而显现为恭敬的神态和气象。恭之德行，是有礼节的体现。"居处恭"，就是说人内心拥有了礼之敬的德性，会表现在人的外在神态、仪容和举止上。个人的修为和福报，是自己将内在的道德修养展现于外，体现出自身修为的外在成果。同时，交际上待人以礼，能够显示出对别人人格和人性的尊敬。一方面，我以恭敬待人，方能要求别人恭敬待己。另一方面，只有己行恭敬以待人，方能使人回馈恭敬以待己。

敬为德性，是见之于外而呈现为恭敬、敬重的德行。敬之品行，是有道德修养的体现。"执事敬"的人生修为，是内心之德性在人的事业和作为上的体现。内在德行之敬既展现在外在的干事业、做事情的过程中，又体现在对待实际工作和履行职责中的兢兢业业、恪尽职守。我们常说努力的人运气不会差就是这个道理。依托求诸己的心性修养，而旨在达致事业的勤勉、精一和不懈之道。爱岗敬业，便是对事业的忠诚不二，也自然会有更多机会实现自身的价值，从而福气满满。

忠之德行，是"主忠信"的修为成果。"与人忠"，即心之忠的品德体现在与人的交接、交往上。我以忠心待人，方能要求别人以

---

① 王玉彬：《孔子仁礼关系新探——以"德性生命"为视域的考察》，《管子学刊》2021年第2期，第40页。

② 《论语译注》，第157页。

忠心待己。只有自身忠诚以待人，方能使人回馈忠诚以待己。

平时的态度仪表要端正，工作时严肃认真，对别人有诚意。言为心声，行为心使。言行举止，莫非心之所发。虽说人心难测，隐秘深藏，但每一个言行举止都是心念、心思的自然流露。一个人的道德、心性、修为，必然要借由外在的言行举止来展现。透过一个人的言行举止，我们就可以了解和觉知其心中的所思所想——志趣追求为何，道德操守如何，性格或人格怎样。在孔子看来，一个人若处事严谨，作风踏实，言行举止合情合理，也是一种具有福气的表现。

三、"中庸"为手段：解决社会问题的方法

"中庸思想在个人层面讲究'慎独自修'，要求以中庸的标准严格要求自己，中正平和，不偏离自己的初心志向和原则，适度、适宜，因时制宜，这对于个人良好心态的养成和坚强意志与良好行为准则的形成都具有积极、重要的影响。而'忠恕宽容'的原则又要求在与他人相处的关系中做到真诚宽容和换位思考，无疑这对于个人良好人际关系的养成和达到"致中和"的境地都是十分有益的，有着重要的影响。"[①] 通俗地讲，中庸就是过犹不及，这是孔子提出的一种解决社会问题的普遍策略，也是求福的手段。"子曰：'攻乎异端，斯害也已。'"[②]（《论语·为政篇》）意思是，做事情过或不及，都是祸害。其中，"异端"就是指中庸的两端，一个是过，一个是不及。孔子讲究中庸，主张执两端而用其中，即不要偏执一端。所谓异端，就是偏于一端。孔子认为做学问就是做人，偏于一端就会形成偏见，不利于个人学问、德性的精进。比如兼爱、非攻，都是执着一端用力，或是有悖人性，或是不合乎现实，最终会走向极端。无论做人还是做事，偏向极端都不是有"福"的特征。

---

① 李沛锋：《对中庸思想的思考》，《汉字文化》2022年第20期，第193页。
② 《论语译注》，第19页。

做事要量力而行，不极端不冒进才是纳福的取向。《论衡·书虚篇》记载着孔子与颜渊的这样一段故事：

> 颜渊与孔子俱上鲁太山，孔子东南望，吴阊门外有系白马，引颜渊指以示之，曰："若见吴阊门乎？"颜渊曰："见之。"孔子曰："门外何有？"曰："有如系练之状。"孔子抚其目而正之，因与俱下。下而颜渊发白齿落，遂以病死。①

故事大意是说，有一天颜渊跟随孔子登上泰山。师徒二人登高望远，心旷神怡。他们走上南天门，孔子自天街上向东望去，见东南方千里之外的吴国阊门外系着一匹白马，便回过头来问跟随他的弟子颜渊："你看见南方吴国的阊门了吗？"颜渊很费力地定睛看，回答"看见了"。孔子又问："门外有什么？"颜渊又很费劲地仔细辨识后回答："好像门外系着一根白练子一样。"孔子叫他再好好看看，原来是匹白马。他们随后便下了山。这一登高望远的举动太伤神了，颜渊回来以后便头发发白，牙齿脱落，不久就病死了。王充认为颜渊精力不如孔子，勉强做出一些自己很难做到的事，消耗精力太多，所以早逝。今天，泰山顶天街之上的碧霞宫西侧存有一石坊，上刻"望吴胜迹"，便是这一故事的印证。后来，人们还把这一故事刻到《孔子圣迹图》上。

做什么事情都不要过头，过了头会向相反方向发展。孔颜"望吴门马"的故事，有人说是一种夸大、想象，也有人说是中国特异功能现象最早的记载，王充对此事表示不认同。他表示："案鲁去吴，千有余里，使离朱望之，终不能见，况使颜渊，何能审之？如才庶几者，明目异于人，则世宜称亚圣，不宜言离朱。人目之视也，物大者易察，小者难审。使颜渊处阊门之外，望太山之形，终不能见。况从太山之上，察白马之色？色不能见，明矣。非颜渊不

---

① 黄晖：《论衡校释》，中华书局，1990年，第170—171页。

能见，孔子亦不能见也。何以验之？耳目之用均也。目不能见百里，则耳亦不能闻也。"① 事件的真假且不评论。单以此事而论，用心用脑观察远方的事物，特别费心神，因而把颜子累病。它告诉人们，做什么事情都要量力而为，不要过头，否则就会出现坏的结果，这不是求福的路径。

孔子以言传身教的方式成功地塑造了一个具有良好威信的儒者形象。尽管他的政治主张没有在游历中被统治者们最终采纳，但是天赋异禀的孔子却成功地通过下行传播，使自己的"福"文化在民间深入人心。"孔子之中庸是'执两用中'，尤其强调时中、适中与通达权变，不是一个对外在量的简单取舍，而是一个对内在质的准确把握，不是机械、简单地取其'中间'，更不是无原则、无标准的折中。"② 孔子的思想照亮了漫漫万古，他的"福"文化观念自成一体，以"仁"为核心、以"礼"为律约，以"中庸"为手段，建构出君子内心对"福"的独特界定和追求。

第三节 孟子的"君子三乐"与"制民恒产"

司马迁在《史记·孟子荀卿列传》中对孟子的介绍只有区区若干字："孟轲，邹人也。受业子思之门人。道既通，游事齐宣王，宣王不能用。适梁，梁惠王不果所言，则见以为迂远而阔于事情。当是之时，秦用商君，富国强兵；楚、魏用吴起，战胜弱敌；齐威王、宣王用孙子、田忌之徒，而诸侯东面朝齐。天下方务于合纵连横，以攻伐为贤。而孟轲乃述唐虞三代之德，是以所如者不合。退而与万章之徒，序《诗》《书》，述仲尼之意，作《孟子》七篇。"③

---

① 《论衡校释》，第 171—172 页。
② 孔祥安：《中庸：儒家的至德要道》，《中国党政干部论坛》2022 年第 2 期，第 88 页。
③ 《史记》，第 4964 页。

孟子名轲，字子舆，邹国（今山东邹城东南）人。战国时期哲学家、思想家、政治家、教育家，是孔子之后、荀子之前的儒家学派的代表人物。在东方人眼中，孔子、孟子的学说已经成为一个词组——"孔孟"，而孟子也成为仅次于孔子的一代儒学宗师，被称为"亚圣"。在农、墨、道、法家等学派居显学的战国时代，孟子单枪匹马，继承了儒学的道统，开创了繁盛的局面。那么，对于"福"，孟子有什么独特见解呢？

孟子的"福"文化观念主要体现在"制民恒产"与"君子三乐"上。"制民恒产"是得福所必要的物质基础。"君子三乐"是孟子从精神层面对福的建构。"孟子曰：'君子有三乐，而王天下不与存焉。父母俱存，兄弟无故，一乐也；仰不愧于天，俯不怍于人，二乐也；得天下英才而教育之，三乐也。'"① 意思是：君子有三大乐事，称王天下不在其中。父母健在，兄弟平安，没有怨恨和灾患，这是第一大乐事；抬头不愧对于天，低头不愧对于人，这是第二大乐事；得到天下优秀的人才进行培育，这是第三大乐事。满足了这几条，人生就算是快乐的，这样的人生也自然是有福的。在孟子看来，当大官、赚大钱，或是成为天下的统治者，这些并不是快乐的源泉。虽然很多人都在追求这个，而孟子却不这么看，他对福有着更高格局的审视。

一、"福"的物质基础

"制民恒产"是"福"的物质基础。"五亩之宅，树之以桑，五十者可以衣帛矣。鸡豚狗彘之畜，无失其时，七十者可以食肉矣。百亩之田，勿夺其时，数口之家可以无饥矣。"②（《孟子·梁惠王上》）"恒产"主要有土地、房屋等。"民之为道也，有恒产者有恒

---

① 杨伯峻译注：《孟子译注》，中华书局，2008年，第240页。
② 《孟子译注》，第4页。

心，无恒产者无恒心。"①（《孟子·滕文公上》）孟子认为有恒产就会有向善的恒心，有向善恒心就会有良心，有良心的人就是善人、好人，有良心的社会就是太平盛世、大同世界。"制民恒产"，不仅仅是关系百姓生活安定的事，也直接关系到天下的安危。

  孟子"制民恒产"中所说的"百亩之田"，就是要恢复和完善西周的井田制。"夫仁政，必自经界始。经界不正，井田不均，谷禄不平，是故暴君污吏必慢其经界。经界既正，分田制禄可坐而定也。"②（《孟子·滕文公上》）孟子认为，只有严格按照西周井田制重新划定井田的田界，"制民恒产"中的"百亩之田"才能兑现。同时，按照公平的原则，也能保证百姓有恒产，防止暴君和贪官污吏伺机侵夺田地，伤害百姓利益，加重百姓负担。孟子主张轻赋薄税，限制暴君和贪官污吏对老百姓的克剥，无不体现他一贯的贵民思想，这在那个群雄割据，诸侯争霸的时代尤为可贵和难得，在当代也有很强的现实意义。孟子希望恢复井田制的主观愿望是好的，他为百姓所建构的"福"的境界是通过重新划定井田的田界，保证赖以生存的恒产土地，借以安身立命，休养生息，从而实现他构想的那种大同社会。在农耕尚处于初始阶段的时代，孟子为百姓构想的恒产主要有宅院五亩大，宅院不仅要能住一大家子几代人，还兼备饲养猪、羊、牛等六畜的功能，栽植相当数量的桑树养蚕织衣，有百亩耕地足够耕种，可保一家丰衣足食，自给自足。

二、"福"的精神建构

  其一，"父母俱存，兄弟无故"。父母俱存，兄弟无故，其实讲的就是平安，平安才会有真正的喜乐，这是人生圆满的背景。如果当下拥有，那用心珍惜就好。有父母可以奉养是最快乐的事。兄弟都平安，常常聚在一起，这样才能让一个人毫无羁绊。我们常说家

---

① 《孟子译注》，第89页。

② 同上。

和万事兴，家人平安、和睦是其他事业的基础。比如《国家》这首歌唱的就是家国情怀，"家是最小国，国是千万家"。家庭幸福了，圆满了，整个国家就强大了。没有好的家庭关系，一个人的人品和能力都会遭到质疑。从个人角度来说，父母健在，兄弟和睦，家庭幸福，能让自己没有后顾之忧，什么困难都会迎刃而解。

所以，孟子认为，百事孝为先，亲情纯又真，兄弟如手足，家和万事兴。基于此，他提出的这条朴素的"福"文化观念，放在今天看仍有着积极的价值。

其二，"仰不愧于天，俯不怍于人"。在中国传统观念中，一个人的祸福从来不是自外面求得的，而是要通过自身的修养获得。让自己成为吉人、善人，自然就有上天的眷顾和帮助。"一个人的心境不对，就没有好的事情发生。"① 所谓吉人、善人，不一定是伟人、圣人。生活中就存在着很多吉人。那些行善的人，自强的人，大气的人，就是上天要帮助的吉人。孟子说："人性之善也，犹水之就下也。"② 意思是人没有不是善良的，水没有不是向下流的。人心本善，人的善良就像水自然而然地向下流淌一样。吉人顺应了善良的内心，通过行善来帮助别人，增加自己的福报。行善会改变一个人的气质，进而改变一个人的容貌，有慈悲心、有爱心的人，往往有亲和力。所以，善良的人走到哪里都受到欢迎。

做一个问心无愧的人，是成就大事的基础。问心无愧才能得到安乐与幸福感。俗话说"不做亏心事，不怕鬼敲门"，从政也好，在企业打拼也好，个人创业也罢，尽自己应尽之事，内心就一片光明。君子坦荡荡，小人长戚戚，人生最好的福报莫过于"白天有说有笑，晚上睡个好觉"；如果一个人心中有鬼或者违法乱纪，他本人也不会好受的，即使在人前衣冠楚楚，内心必定彷徨、灰暗。

内心具有大格局的人，拿得起放得下，不会在得失、情感之间

---

① 《在北大听讲座》第18辑，第247页。
② 《孟子译注》，第196页。

纠葛，对人对事更不会小肚鸡肠。他们有大眼界，大格局，能想人所未想，见人所未见，能进能退，稳重沉静，坚韧不拔。他们光而不耀，庄重而温和；他们有威信却不严苛，和人相处不会让人觉得盛气凌人，咄咄逼人。大气之人淡定从容，遇事沉稳又积极果断，胜不骄，败不馁。他们正道直行，做事光明磊落，仰不愧于天，俯不怍于人，从不违背道义，背地里损害他人利益。这样的人，怎能不让人心悦诚服？我们一生都在追求大吉大利，想要得到上天的帮助。但其实，关键在于自己，在修身，修行。"人修身会产生什么微妙的变化？修身的人心善，善心赶福来，德赶人才来。有福气又有人才和你一起奋斗，你的事业焉有不成之理？"① 可见，纳福的根本不在别人，也不在别处。

人生在世，觉悟、修养、道德都很重要，但这些都建立在良知基础上，要靠后天的启蒙、教育、自觉养成。如果没有稳定可靠的良知基础，那些觉悟、修养、道德之类是很难立足的。"孟子的幸福观从肯定人的实际出发，不否认人的自然欲求。提倡不断地提高自己的道德修养，通过'内圣'之道使品德臻于完备。做到仰不愧于天，俯不怍于人，达到心理的平衡，这样也就可以波澜不惊地面对生活中的每一件事情，得到内心的沉淀与升华。"② 一个人即使没有接受过什么正规的教育，只要有良知打底，知羞耻，明是非，就不会干出太出格的事，就能堂堂正正，规规矩矩。孟子告诉我们：你是吉人，自有天相；你是善人，自有天助。

其三，"得天下英才而教育之"。作为一名教育家，孟子以得到英才并培育视为教师的一种福气。"孟子正是本着儒者'非予觉之而谁'的忧患意识担当起育化人心的使命。所以，如能得到天下的英才来培育他们，使自我的仁义之心扩而充之，让人性本善的力量

---

① 《在北大听讲座》第18辑，第247页。
② 谢永鑫：《〈孟子〉"君子有三乐"章中的幸福观及其现代意义》，《商丘职业技术学院学报》2017年第16期，第20页。

在更多生命中得以传承、施展，以此来逐步实现儒者心中的道德理想，这种普及众生之圆善理想的实现是超越个人德性圆满的，这也是人心最大的乐趣，亦是君子应有的社会担当。"① 人要懂得教育、分享和学习的乐趣。分享自己的知识和感悟，才会让知识产生更大的价值。和孔子一样，孟子也是一名教育家。桃李满天下是每一个老师的期盼。比如鬼谷子，苏秦、张仪、孙膑、庞涓让他名震四海；比如三国的水镜先生，孔明、庞统和徐庶等让他熠熠生辉。现代教育家们也都兢兢业业，辛勤付出，培养了一大批国家栋梁之材。

儒家的诗书传统以及孔孟之间的精神联系，都能勾勒孟子的幸福观，既汲取了人情的自然资源，又恪守了道德的理性力量。孟子的这种"福"文化观念在当下更有着重要的意义。一年之计，莫如树谷；十年之计，莫如树木；终身之计，莫如树人。济济多士，乃成大业，人才蔚起，国运方兴。全面建成社会主义现代化强国、实现中华民族伟大复兴、实现祖国完全统一，离不开中国共产党，离不开天下英才。人通过受教育实现社会地位的提升。教育伴随着人类社会的产生而产生，随着社会的发展而发展，与人类社会共始终。在高速发展的社会背景下，培养出更多服务社会的高精尖人才，这对于教育工作者而言，也是一种巨大的精神满足。

孟子提出的"三乐"体现儒家的道德观和人文理想，涵括和引导了人性与人伦情愫的快乐原则。恰如亚里士多德所言："幸福的人不会因为运气的变故而改变自己。他不会轻易地离开幸福，也不会因一般的不幸就痛苦。"② 孟子的幸福论观照内心，汲取了人情的自然资源，恪守了道德的理性力量。传统"福"文化与儒家的价

---

① 李涛：《孟子"君子有三乐"之道德价值意蕴发微》，《西华师范大学学报》2021年第3期，第24页。

② ［古希腊］亚里士多德：《尼各马可伦理学》，廖申白译，商务印书馆，2013年，第29页。

值追求并行不悖,孟子提炼出君子所应当追求的生命意义与价值,为儒者在世俗精神的层面构建了一个值得推崇的,让内心圆满的"福"文化精神基础。

第四节　庄子的"逍遥为福"

庄子,战国中期宋国(今河南商丘东北)人,是宋国公室后代。他的"福"文化观念主要体现在《庄子》这一经典著作中。庄子是老子思想的继承者,但却又有着自己的特点。"庄子的'逍遥'是自我精神的高扬,有真体的内充,有形骸的放浪。"[①] 对庄子来说,幸福的标准,是独立的人格和心灵的自由,至于高官厚禄、锦衣玉食等世人眼中的"福",则不在他的考虑范围之内。在生死观上,庄子主张乐天知命,顺其自然。《庄子》一书分为内篇、外篇、杂篇三部分。其内篇部分开篇即为《逍遥游》。在这篇文章里,庄子充分展开想象的翅膀,遨游于无穷的宇宙。"庄子逍遥哲学的理想人格境界有着现实指导意义,并得到了世人的普遍接受和认可。庄子之所以能逍遥自适,在于超越了生死、是非、名利等障碍,而达到与造物者游的境界,这正是庄子逍遥哲学所崇尚的优游自适的理想人格境界。"[②] 他的"福"文化观念在视域上是开阔的、浪漫的。庄子的"福"文化观念主要体现在追求心灵上的自由和快乐,主张精神上的逍遥和自在。

一、未免乎累:一种绝对"无待"的自由

庄子的第一个"福"文化观念就是追求一种绝对"无待"的自由状态。《庄子》开篇讲了一个故事。"北冥有鱼,其名为鲲。鲲之

---

① 李智福:《庄子"逍遥"义考释》,《中国哲学史》2016 年第 1 期,第 37 页。
② 顾田忠:《庄子逍遥哲学探微》,《信阳师范学院学报》2014 年第 5 期,第 15—16 页。

大，不知其几千里也。化而为鸟，其名为鹏。鹏之背，不知其几千里也。怒而飞，其翼若垂天之云。是鸟也，海运则将徙于南冥。南冥者，天池也。"①讲的是北海中的一条大鱼，名字叫鲲。其体长几千里，背阔几千里，它奋起而飞，翅膀如天边的云。讲述完故事之后，庄子总结："若夫乘天地之正，而御六气之辩，以游无穷者，彼且恶乎待哉"！②这句话的意思是，如果能遵循天地间自然的本性，把握六气的变化，遨游在无穷无尽的宇宙之间，他还需要凭借什么呢？这就是做人最大的幸福。

《逍遥游》阐述了庄子的人生幸福哲学和自由观。庄子认为，人在世上生活，总是"未免乎累"。所以，他提倡一种绝对的"无待"的自由。"逍遥"也作"消摇"，意思是"优游自得的样子"。单从字面上讲，"逍遥游"即"没有任何束缚的自由自在地活动"。怎样才能达到"逍遥游"的境界？"逍遥游"的前提是"无待"；要作逍遥游，自然要无待。如何无待？自然要于己无待，于功无待，于名无待。他认为达到"无待"境界的根本方法是"无己"。苦乐之情、得失之忧皆因"有己"而起。来自客观方面的有待，不是对自由的真正束缚，真正的束缚来自人自身。只有无己，从精神上超脱社会和自然的限制，泯灭物我的对立，才是幸福所在。超脱一切荣辱得失的思虑，游心于无穷而无所待，达到精神上的绝对自由，从而在精神维度获得"福"的感受。

还有一个故事，也充分体现了庄子的这种绝对"无待"的"福"文化观念。《庄子·秋水》中记载楚王聘请庄子的故事：

> 庄子钓于濮水，楚王使大夫二人往先焉，曰："愿以境内累矣！"庄子持竿不顾，曰："吾闻楚有神龟，死已三千岁矣，王巾笥而藏之庙堂之上。此龟者，宁其死为留骨而贵乎？宁其

---

① 陈鼓应注译：《庄子今注今译》，中华书局，1983年，第3—4页。
② 《庄子今注今译》，第18页。

生而曳尾于涂中乎?"二大夫曰:"宁生而曳尾涂中。"庄子曰:"往矣!吾将曳尾于涂中。"①

这个故事的大意是说:一天,庄子正在濮水钓鱼。(这里庄子的钓鱼,和姜太公钓鱼的意义截然不同。姜太公用直钩钓鱼,钓的不是鱼,而是用这个怪异的举动引起周文王的注意,也就是说,他钓的是周文王。而庄子钓鱼就是为了钓鱼,是为了填饱肚子而钓鱼。)这时,楚王派来的两名使者找到了庄子,客气地对庄子说:"我国的君主久闻先生您的大名,特意派我们前来邀请您,希望委任您做楚国的相国。"没想到庄子继续钓鱼,连头都没回,淡然地说:"我听说楚国有只神龟,死去时已经三千多岁了。楚王用布包着它,用竹盒装着它,供奉在庙堂之上。你们说,对这只神龟而言,是愿意死了留下遗骨呢?还是愿意拖着尾巴自由自在地在泥水里生活呢?"两名使者不明白庄子的意思,不过还是回答:"当然是愿意拖着尾巴自由自在地在泥水里生活啦。"庄子接着说:"这就对了。那就请您二位回去吧。我也是愿意拖着尾巴自由自在地在泥水里生活。"

庄子用亲身经历告诉读者,获得真正的自由也是一种福。"这种至人的境界投射到现代人身上便是:秉持高远的信念,不拘泥于周遭琐碎的事物,过一种有节制的沉思的生活,向着自然、和谐、美好的休闲境界前进。"② 庄子一生穷困潦倒,淡泊名利,虽然名满天下,但是对当官出仕没有丝毫兴趣,只是在年轻时为了生活在宋国做过时间不长的漆园吏,就是管理漆园的小官。后来因为不接受楚王的重金礼聘,史上被称为"漆园傲吏"。他自己用行动践行了一种绝对"无待"自由的"福"文化观念。

---

① 《庄子今注今译》,第 474 页。
② 金立:《庄子"逍遥"思想的当代休闲价值》,《哲学分析》2022 年第 2 期,第 33 页。

二、鼓盆而歌：乐天知命的生死观

乐天知命是庄子另一个具有代表性的"福"文化观念。《庄子·至乐》中记载：

> 庄子妻死，惠子吊之，庄子则方箕踞鼓盆而歌。惠子曰："与人居，长子老身，死不哭亦足矣，又鼓盆而歌，不亦甚乎！"庄子曰："不然。是其始死也，我独何能无概然！察其始而本无生，非徒无生也而本无形，非徒无形也而本无气。杂乎芒芴之间，变而有气，气变而有形，形变而有生，今又变而之死，是相与为春秋冬夏四时行也。人且偃然寝于巨室，而我噭噭然随而哭之，自以为不通乎命，故止也。"①

这个故事讲的是：有一天庄子的妻子死了，惠子前往庄子家吊唁，只见庄子不但不伤心落泪，却还岔开两腿，像个簸箕似的坐在地上，一边敲打着瓦缶一边唱着歌。由此引出庄子一段精彩玄妙的生死谈，大意是说：人生从无到有，从有到无，从生到死，从死到生的过程，就好比春夏秋冬，四时往复一样，此刻，妻子已经回归自然，正沉睡在天地的怀抱中。庄子认为，这个时候亲人们在一旁大哭，不但不明智也毫无必要，所以便为已逝的妻子鼓盆而歌。

人都不可避免地要面对死亡，由此而产生的焦虑无处不在。心理学家欧文·亚隆认为，死亡恐惧在人的生命早期就已经出现，深刻地塑造着人的性格结构，并且在一生中无处不在，无孔不入，不断地引发焦虑。但同时，它又被严重地压抑在潜意识当中，极少能够完整浮现出来，被我们所认知。在平常的日子里，死亡似乎离我们非常遥远。但在不期然间，它却总会突然撞进来，使我们猝不及防地面对生命的脆弱和短暂，让我们面对这种与生俱来的焦虑和恐

---

① 《庄子今注今译》，第484—485页。

惧。自己的生命遭遇危险，或他人的离世，以及种种与死亡相关事物，都会直接或间接地诱发这种焦虑。我们平时种种关于死的忌讳，也都来源于此。人无论如何减少欲望，也始终是要生存的。随着时间的推移，生命不可避免地走向终结，而这也成为很多人的心结。

无论是忧惧于自己的湮灭，还是痛苦于亲人的离世，人都不得不经历断舍离。这样的痛苦忧愁难以解脱，也就体会不到生命中的"福"。道家认为，圣人对万物的自然本性有完全的理解，所以无情。这并不是说他们没有情感。而是说他们不为情所困。圣人由于对万物自然本性有理解，他的心就再也不受世界变化的影响。用这种方法，他的幸福也就不再受外界事物的限制，可以说达到了绝对幸福。顺乎天是一切幸福和善的根源，顺乎人则是一切痛苦的根源，天指自然，人指人为。只有内心通达，顺其自然，心中的痛苦与烦恼自然也就消散了。

"庄子广义的生命关怀观提倡，人要尊重生命，因生与死无贵贱；而且要善待生命，无论是自己的，还是他人的。善待生命的一种表现是，善于生活、善于处世。但人生总是短暂的，人要学会正确看待自己的生死，特别要正确看待死亡。生死价值所依的最高境界是体道修道。"① 儒家的这种生死观是极需要勇气的，是直接面对死亡而定义人生，是建立在对生命有限性极为深沉的自觉上。如果我们能够在直面死亡的前提下去体会生命，重新审视自己的人生事项，我们就能够放下一些外在事物的附丽，让我们的生命更接近于本质，那么死亡不仅不是可怕的，反而会像锚点一样将我们拉入更真诚的生活方式中，导向对有限生命重视与珍惜，让我们生命变得自觉和丰富，增加我们在人世间的乐趣。只有当我们不回避死亡时，我们才能更好地构建我们的生活，体味生活中微妙的幸福。

---

① 何则阴：《〈南华真经〉死亡观及生命关怀思想探讨》，《中华文化论坛》2015年第5期，第108页。

三、不移于情，不困于心：绝对幸福的方向

每个人都想完善自我，都在追求幸福的生活。什么叫作"幸福"？每个人的观点都不一样，更糟糕的是，很多人没有自己的看法，而是以别人的定义为定义。这样不仅迷失了自我，还给自己带来不幸，体察不到"福"的真谛。庄子为人们指明了一种绝对幸福的生活方向，那就是不移于情、不困于心。

《庄子·秋水篇》里，借公子魏牟之口提到了大家耳熟能详的故事《邯郸学步》。"'且子独不闻夫寿陵余子之学行于邯郸与？未得国能，又失其故行矣，直匍匐而归耳。'"① 燕国寿陵有个少年觉得赵国人走路的姿势很优雅，于是到赵国邯郸去学习他们走路的姿势，结果不仅学不像、学不来，还把自己原来的步伐也忘记了，最后只好爬着回去。聪敏并不在于倾听别人的声音，而是要倾听自己的内心；明察并不是看清别人，而是能看清自己。如果只能看清别人而不能看清自己，只羡慕别人而不欣悦自己，这就成了想拥有别人所有而不能安于自己所有，贪图别人的安适而不自求安适的人。

庄子认为获得"福"的方法就是发展自己的本性或者天生的特长。人在能够充分而自由地发挥天赋的时候，就能感觉到"福"。但是这种是受限制的，例如死亡、疾病、年老。所以老、病、死为"四苦"中的"三苦"。佛家说，还有"一苦"，就是"生"的本身。所以，依靠充分而自由地发挥天赋的幸福，是一种有限制的幸福，是相对幸福。人感到哀伤的范围，就是他们受苦的范围。但是，人通过充分的理解，可以削弱痛苦的感受。例如，天下雨了，不方便出门，大人能理解，不会生气，小孩子却往往会生气。原因在于，大人理解得多些，就比生气的小孩所感到的失望、恼怒要少得多。这用道家的话说，就是"以理化情"。

---

① 《庄子今注今译》，第468页。

不乱于心，不困于情。"庄子一生都生活在社会的底层，这样的生活境遇使他有着更多机会接近自然，也正是在大自然中，他惊奇地发现了一个全新的世界——自然而然的世界，万事万物在没有任何刻意的安排下表现出了不可思议的和谐和完美，就仿佛有一股神奇而伟大的力量，大自然无所为而一切都有条不紊。当然这种发现随时都可能发生，庄子之前一定也有人发现了这些秘密。庄子的伟大之处在于，他将其上升到了人生哲学的高度——道法自然，直面人生的痛苦，并以此体悟到了解脱痛苦的路径。"① 庄子告诉世人，只有耐得住寂寞，经得起诱惑，心平气和的人，才能收获最满意的人生。一个心浮气躁缺乏耐性的人，往往会因小失大，因贪图眼前利益而错失未来，永远无法成为一个优雅而闲适的人。要实现远大的目标，就必须能够忍耐得住别人的耻笑，忍耐得住独自奋斗的寂寞。人有了信念和追求就能忍受一切艰苦，适应一切环境。美丽属于自信者，从容属于有备者，奇迹属于执着者。不羡慕成功者的富贵，专注于自身所得。如果秉持庄子的这种"福"文化观念，想必很多人都能在生活的诸多抉择中，多一份智慧吧。

"人的身心相即不离才形成一个现实的生命，那么，幸福感也有赖于身心和谐。造成人生痛苦的原因，既有身体上的病痛，也有心理上过度的欲望——嗜欲。嗜欲为万恶之源、百病之根。一个人若私欲缠身，在生活与工作中必然斤斤计较，患得患失，久而久之，积劳成疾，损害身心健康。"② 反观庄子对"福"的认知，由于对万物自然本性有理解，他的心就再也不受世界变化的影响。用了这种方法，他就会不依赖外界事物，他的幸福感也就不受外界事物的左右。庄子可以说是已经得到了绝对幸福，这也是他给后世留下的宝贵"福"文化观念。

---

① 朱松苗：《论庄子之情》，《运城学院学报》2011年第3期，第44页。
② 孙亦平：《国学中的幸福观》，《中国德育》2013年第21期，第35页。

第五节　荀子的"得福有法"

荀子名况，战国末期赵国人，著名思想家、文学家。荀子是先秦儒家的代表人物之一，韩非和李斯都是他的学生。郭沫若在《荀子的批判》中评价其为先秦诸子中最后一位大师，集百家的大成。荀子的"福"文化思想主要见于《荀子》。先秦儒家经典中有大量的"福"论，作为百家争鸣集大成者的荀子自然也有关于"福"的独到解读。荀子在其书中有大量的论"福"的文字，不仅言之成理、持之有故，而且大大地集成、拓展了中国"福"文化的内涵。荀子还大量引用《诗经》来谈论"福"，认为"福"是靠个人奋斗得来的，而不是上天偶然降下的。他遵循"祸"来有章，得"福"亦有法的规律。其"得福有法"的"福"文化观念体现在三个方面：其一是祸与福邻，莫知其门，非常重视祸福之间的转化；其二是顺类生福，逆类生祸，主张掌握规律并顺应规律；其三是创造性地提出蔽塞之祸，不蔽之福。

一、祸与福邻，莫知其门

荀子看到了福祸之间的转化关系。《荀子·大略》有言："敬戒无怠。庆者在堂，吊者在闾。祸与福邻，莫知其门。豫哉！豫哉！万民望之。"① 这里明确提到了福祸相邻的观念，没有人知道福祸的所在，要时刻保持警惕。在祸患发生之前，就要慎重戒备而不要懈怠。福祸有时就在一念之间。有时庆贺的人还在大堂上，吊丧的人已到了大门口。灾祸和幸福如此紧密相依，人们有时竟不知道它们产生的原因和时机。正因为福总是与祸患相并而生，他告诫世人，一定要预先做好心理准备，对福祸到来要有应对之策。

福在一定条件下会向着祸的方向转化，祸在一定的条件下也会

---

① 荀况：《荀子》，方勇、李波译注，中华书局，2011年，第437页。

向着福的方向转化，这是亘古不变的规律，也是道的法则，这和坤阴之气与乾阳之气的转化是同样的道理。荀子认识到，福与祸之间的转化条件就是极限，福向灾祸转化的条件是福的最高极限，祸向福转化条件是灾祸的最高极限，这个最高极限就是圆满点。因此，福寿齐天之时正是向灾祸转化之时，流年不利之日也是向福寿转化之日，福寿齐天与流年不利即福寿与灾祸发生转化的圆满点，是福与祸发生转化的时刻。

《荀子·仲尼》中说："福事至则和而理，祸事至则静而理，富则施广，贫则用节，可贵可贱也，可富可贫也，可杀而不可使为奸也，是持宠处位终身不厌之术也。"[①] 当幸福来临时，就适当地对待它；灾祸之事来临，就冷静地去处理它。富裕了就广泛实行恩惠，贫穷了就节约费用。要可以处贵，可以处贱，可以处富，可以处贫，可以杀身成仁但不可做坏事。这便是保持尊宠，居守官位，终身不被人厌弃的方法。原来幸福就掌握在自己手中，问题的关键在于是否能够冷静地处理与对待，能否找到恰当的方法。

深知福祸转化的法则，并且深知福祸转化的条件，才能防患于未然，才能使家国向着福寿的方向迈进。这就是福祸之间转化的实质与意义。我们知道，福与祸是一对对立统一的矛盾，两者相辅相成，并且相互转化，这给我们认识道的法则、宇宙自然万物以及人类社会发展的法则提供了一双辩证的眼睛，为我们看待"福"提供了一种崭新的角度。

二、顺类生福，逆类生祸

《荀子·天论》言：

> 天职既立，天功既成，形具而神生。好恶喜怒哀乐臧焉，夫是之谓天情。耳目鼻口形能各有接而不相能也，夫是之谓天

---

① 《荀子》，第86页。

官。心居中虚，以治五官，夫是之谓天君。财非其类以养其类，夫是之谓天养。顺其类者谓之福，逆其类者谓之祸，夫是之谓天政。暗其天君，乱其天官，弃其天养，逆其天政，背其天情，以丧天功，夫是之谓大凶。圣人清其天君，正其天官，备其天养，顺其天政，养其天情，以全其天功。如是，则知其所为，知其所不为矣；则天地官而万物役矣。其行曲治，其养曲适，其生不伤，夫是之谓知天。①

意思是：天的职能已经确立，天的功绩已经完成，人的形体具备了，而精神也随之产生，好恶、喜怒、哀乐等情感蕴藏在其中，这就叫作天然的情感。耳、目、鼻、口和形体，各自接触外界的事物而不能相互代替，这就叫作天然的感官。心处在中部虚空的地方来治理五官，这就叫作天然的君主。利用其他物类来供养人类，这就叫作天然的供养。顺从同类需求的叫作福，违背同类需求的叫作祸，这就叫天然的政治。"'天'作为中国哲学的重要概念，殷商以前，以'帝'指'天'，'帝'是绝对的人格神，不管是地上人王或者普通百姓，都必须服从天意；王权神授，王是天帝在人间的代表。"②蒙蔽天然的君主，扰乱天然的感官，抛弃天然的供养，违反天然的政治，背叛天然的情感，以致丧失天然的功绩，这就叫作大凶。圣人澄清天然的君主，端正天然的感官，备足天然的供养，顺从天然的政治，保养天然的情感，来保全天然的功绩。像这样，就知道他应该做什么，不应该做什么，那么天地就能被利用而万物就能被役使了。他的行为就完全合理，他的保养就完全适宜，他的生命就不会受到伤害，这就叫作了解了天。

《荀子·天论》是古代朴素唯物主义的自然哲学论文，有很高

---

① 《荀子》，第267页。

② 舒良明：《荀子天论观探微》，《重庆科技学院学报》2020年第3期，第9页。

的成就。"《天论》篇的动意和目的乃是借言天之'自然'而推进人之'治道'的开展。而荀子对礼义作为治道的理解不仅表达出了政治的价值诉求和理想，同时，礼义也成为荀子推动现实政治、进行政治评价的原则和基础。"① 在这篇文章中，作者明确指出，自然规律是客观的，人们应顺应自然规律，掌握自然规律，为自己造福。

三、蔽塞之祸，不蔽之福

"故为蔽：欲为蔽，恶为蔽，始为蔽，终为蔽；远为蔽，近为蔽；博为蔽，浅为蔽，古为蔽，今为蔽。凡万物异则莫不相为蔽，此心术之公患也。"② 荀子将福与人的仁德、智慧联系起来，认为只有充分显发德性、发挥聪明才智，才能得到"福"。战国末期，七雄逐鹿中原，均欲问鼎天下。人民生活在离乱之中，死亡的威胁时时包裹着恐惧中的人们。裹挟在时代乱流之中的荀子深刻地认识到，时代改途易辙，人民命运才能彻底改变。统一的历史时局与稳定的社会秩序才是人民的真正之福。荀子振臂一呼，倡扬"不蔽之福"。尤其可贵的是，荀子创造性地看到了仁智双彰方是福之真谛。

> 昔人君之蔽者，夏桀殷纣是也。桀蔽于末喜斯观，而不知关龙逢，以惑其心，而乱其行。纣蔽于妲己、飞廉，而不知微子启，以惑其心，而乱其行。故群臣去忠而事私，百姓怨非而不用，贤良退处而隐逃，此其所以丧九牧之地，而虚宗庙之国也。桀死于亭山，纣县于赤斾。身不先知，人又莫之谏，此蔽塞之祸也。成汤鉴于夏桀，故主其心而慎治之，是以能长用伊尹，而身不失道，此其所以代夏王而受九有也。文王鉴于殷纣，故主其心而慎治之，是以能长用吕望，而身不失道，此其

---

① 东方朔：《荀子〈天论〉篇新释》，《哲学动态》2017年第5期，第41页。
② 《荀子》，第337—338页。

所以代殷王而受九牧也。远方莫不致其珍；故目视备色，耳听备声，口食备味，形居备宫，名受备号，生则天下歌，死则四海哭。夫是之谓至盛。《诗》曰："凤凰秋秋，其翼若干，其声若箫。有凤有凰，乐帝之心。"此不蔽之福也。①

以夏桀、商纣为前车之鉴的商汤和周文王得到天下之后，远方的国家无不送上自己的珍贵物品，所以他们的眼睛能观赏天下美色，耳朵能听闻到世间最美妙的音乐，舌头能尝到山珍海味，身居豪华的宫殿，名字上被加上各种美好的称号。他们活着的时候天下人都歌功颂德，死了以后天下人都痛哭流涕。这就是"不蔽之福"。譬如历史上的鲍叔、宁戚等，仁德明智而且不被蒙蔽，所以能够扶助管仲，而他们享有的名声、财利、福禄也和管仲相等。召公、姜子牙仁德明智而且不被蒙蔽，所以能够扶助周公，而他们享有的名声、财利、福禄也和周公相等。昏庸的君主，急于追求享乐而疏于治理国家，那么他就会忧患缠身，一直到身死国亡才可罢休，这不是非常可悲吗？本来要得到幸福，却招致了灭亡。这难道不可悲吗？夏桀被末喜、斯观所蒙蔽，商纣被妲己、飞廉所蒙蔽，导致思想惑乱、行为荒唐。最后，夏桀死在亭山，商纣的头被悬挂在红色的旗帜飘带上。后世言恶必稽。这就是"蔽塞之祸"。"不蔽之福"是与"蔽塞之祸"相对而言的。如果通俗地讲，"不蔽之福"就是不被蒙蔽的幸福。

《荀子·王霸》曰："暗君必将急逐乐而缓治国，故忧患不可胜校也，必至于身死国亡然后止也，岂不哀哉！将以为乐，乃得忧焉；将以为安，乃得危焉；将以为福，乃得死亡焉，岂不哀哉！於乎！"② 意思是：昏庸的君主都急于享乐，疏于治国，忧患就渐渐多得数不清了，非要到了君主身死才能停止，这是很可悲的。荀子认

---

① 《荀子》，第338页。
② 《荀子》，第171页。

为贤明的君主必定要先治理清楚自己的国家，然后再从中得到快乐。

《荀子·解蔽》中又言，"'传曰：知贤之为明，辅贤之谓能，勉之强之，其福必长。'此之谓也。此不蔽之福也。"① 意思是能够识别贤良的叫作明，能够辅助贤良的叫作能，一个人在这个方面努力勤勉，那么他的幸福就势必会很长久。这就是我们说的不受蒙蔽的幸福。"面对七雄逐鹿中原、民不聊生的政治乱局，荀子之所以呼唤'不蔽之福'无疑包含着对仁德与智慧合一大儒的期待，也凝结着其对民族未来的信心与展望。"② 荀子对"福"的理解，融合了儒道两家文化，是对孔孟老庄思想的发扬和继承，他的"福"文化观念有深远的意义，值得后世学习和体会。

第六节　韩非的"全寿富贵"

韩非是战国末期著名思想家，法家的代表人物，被后世尊称为韩非子或韩子。司马迁在《史记》中将老子、韩非放在一篇文章中介绍。《史记·老子韩非列传》记载了他的生平概要："韩非者，韩之诸公子也。喜刑名法术之学，而其归本于黄老。非为人口吃，不能道说，而善著书。与李斯俱事荀卿，斯自以为不如非。非见韩之削弱，数以书谏韩王，韩王不能用。于是韩非疾治国不务修明其法制，执势以御其臣下，富国强兵而以求人任贤，反举浮淫之蠹而加之于功实之上。以为儒者用文乱法，而侠者以武犯禁。宽则宠名誉之人，急则用介胄之士。今者所养非所用，所用非所养。悲廉直不容于邪枉之臣。观往者得失之变，故作《孤愤》、《五蠹》、《内外储》、《说林》、《说难》十余万言。然韩非知'说'之难，为《说

---

① 《荀子》，第 340 页。
② 姚海涛：《引"经"、据"典"与"新"诠：荀子"福"文化的言说方式与思想意蕴》，《地域文化研究》2020 年第 5 期，第 115 页。

难》书甚具,终死于秦,不能自脱。"① 他是以黄老的学说为思想基础的。所以,他对"福"的阐发,也能看到道家的影子。

韩非的"福"文化观念主要体现在其《韩非·解老》中。他说:"人莫不欲富贵全寿,而未有能免于贫贱死夭之祸也。心欲富贵全寿,而今贫贱死夭,是不能至于其所欲至也。凡失其所欲之路而妄行者之谓迷,迷则不能至于其所欲至矣。今众人之不能至于其所欲至,故曰'迷'。众人之所不能至于其所欲至也,自天地之剖判以至于今。故曰'人之迷也,其曰故以久矣'。"② 意思是说,没有人不想富裕、高贵、身全、长寿,但是也没有谁能够避免贫穷下贱、死亡夭折灾祸。心里想着富裕高贵、平安长寿,现在却因贫穷下贱、死亡夭折,这是没有达到想达到的目的。凡是失去他想走的道路而胡乱行为的人称之为迷惑,迷惑了就不能达到他想到达的目的。如今众人不能达到他们想到达的目的,所以说他们"迷惑"。人们不能达到他们想到达的目的,从开天辟地一直延续到现在。人类的迷失,时间已经很久了。

从上面这段话的表述中,我们不难看到韩非对于"福"的界定乃是"全寿富贵"。当然,要想达到这个完美的状态,确实是不容易的。于是,韩非提出了两条具体的建议:其一,缘道理以从事;其二,思虑熟而行端直。

一、缘道理以从事,则无不成

《韩非·解老》曰:"夫缘道理以从事者,无不能成。无不能成者,大能成天子之势尊,而小易得卿相将军之赏禄。夫弃道理而妄举动者,虽上有天子诸侯之势尊,而下有倚顿、陶朱、卜祝之富,犹失其民人而亡其财资也。众人之轻弃道理而易妄举动者,不知其

---

① 韩非:《韩非子》,高华平、王齐洲、张三夕译注,中华书局,2010年,第4447页。

② 《韩非子》,第194页。

祸福之深大而道阔远若是也，故谕人曰'孰知其极?'"① 这就是说，遵循法则办事，往大了讲可以成就天子的权势和大业，往小了说也能取得卿相将军的赏赐和爵禄。如果舍弃了事物内在的法则而不用，现有的尊贵权势和财富还是会最终失去。很多事情的处理，需要对症下药。弄明白了，落到实处了，自然就有理想的结局。

"这种'缘道理'的方法主要是考察、分析事物的具体规律、性质，在必要时可以借助'规矩''绳墨'等客观工具来实现。在处理具体事务的过程中，人们往往依靠自己主观臆断而舍弃客观工具准确可靠的测量考察。韩非正是要反对当时常见的'轻弃道理而易忘举动'的做法，主张'缘道理以从事'的万全之策。"② 韩非子认为万事万物都有其固有的法则，依据这个法则去办事，就没有不成功的。求福也是如此，行事要按照一定的法则，遵循规律去做事，才能万事顺遂；反之，则会将事情办坏。

春秋时期宋国有一个农夫，插下麦种后整日蹲在阡陌上，望着自家那一亩麦田，希望麦子赶快成熟，可是麦苗还是慢慢地生长。一日清晨，农夫看到这麦田心生一计，连忙下田，生生地把麦种拔高了不少，做成之后欢喜地回家，并告诉自己的儿子，今天这麦苗通过我之手，长高了不少呢。儿子一听连忙跑向那一亩田，发现麦苗都死了。可见，连植物的生长都要遵守规律，如果不遵守规则，结果是不会理想的，求福也是如此。

追求国家的长久之福也是这个道理。人才的培养是国家之福的基础，也要遵循一定的理。荀子认为："凡理者，方圆、短长、粗靡、坚脆之分也，故理定而后可得道也。故定理有存亡，有死生，有盛衰。夫物之一存一亡，乍死乍生，初盛而后衰者，不可谓

---

① 《韩非子》，第 194 页。
② 王群韬：《〈韩非子〉中的"道法"思想探析》，《桂林师范高等专科学校学报》2014 年第 3 期，第 30 页。

常。"① 无论是存亡、盛衰、生死等，都有确定之理，理确定以后事物才能够进一步得到规律。当今，国家培育高素质人才队伍也是如此，最关键的是把握和尊重人才培养规律、科学研究规律，科学谋划，合理布局。注重在经济社会发展第一线培养锻炼人才，做到缺什么、补什么，干什么、学什么；结合人才需求，既要培养高精尖缺、创新创业的高端人才，也要培养实用型人才，让人才遍地开花，各尽其用；着眼人才培养大局，整体谋划、各级联动、分层推动，实现层级培养有目标、整体培养有梯次、综合效益有提升；下大力气增加人才培养资金投入力度，鼓励支持社会各界建立人才发展基金，实现人才培养多元化。这才是国家之福。

二、思虑熟而行端直，则避祸得福

《韩非·解老》曰：

"人有祸，则心畏恐；心畏恐，则行端直；行端直，则思虑熟；思虑熟，则得事理。行端直，则无祸害；无祸害，则尽天年。得事理，则必成功。尽天年，则全而寿。必成功，则富与贵。全寿富贵之谓福。而福本于有祸。故曰'祸兮福之所倚'。以成其功也。人有福则富贵至；富贵至衣食美；衣食美则骄心生；骄心生则行邪僻而动弃理。行邪僻则身死夭；动弃理则无成功。夫内有死夭之难而外无成功之名者，大祸也。而祸本生于有福。故曰'福兮祸之所伏'。"②

意思是说，心怀敬畏之心可以福报多多。当人有了灾祸时，就会心生敬畏和恐惧；心里害怕，行为上就会端正；行为端正了，思虑就成熟；思虑一成熟，就可以理解事物的基本法则。行为端正就不会

---

① 《韩非子》，第 211 页。

② 《韩非子》，第 193 页。

有祸害；没有了祸害，自然可以尽享天年。事物的发展规律一旦掌握，成功也是水到渠成的事情，福也会自然而然地得到。

韩非又提醒世人，一个人有了好福气，富贵就来到。富贵来到，衣食就美好。衣食美好，骄心就容易产生。骄心产生，就往往会行为邪僻而举动悖理。行为邪僻，自身就会早夭。举动悖理，就不会成就功业。民间有句俗语"一朝被蛇咬，十年怕井绳"。虽然小心畏惧过头了就显得不合时宜，但做人做事多怀点畏惧心理，反而可以减少灾祸，福报也会长久。一个人，正是因为吃过亏，受过罪，吃一堑长一智，时刻怀有敬畏心理，为人处世不至于偏离正常轨道，才能合乎"人道"和"天道"，得道多助，继而因祸得福。所以说，人生的福气和敬畏心有关，福报多的人，也往往都有敬畏心。

此外，韩非强调，思考得成熟，就会掌握事物的道理；行为端正，就能远离祸患。为人处世应该勤于思考，行为端正，不贸然行动，不做不义之事。塞翁失马，焉知非福；塞翁得马，焉知非祸。韩非告诫人们要居安思危，饱不忘饥，存不忘亡，福不忘祸，在胜利面前戒骄戒躁，继续保持并发扬谦虚谨慎、艰苦奋斗的优良作风。鼓励人们失意落魄时要看到光明的前景而振作勇气，坚定信心，不要被眼前的困难所吓倒。

"天欲祸人，必先以微福骄之，要看他会受。天欲福人，必先以微祸儆之，要看他会救。"天要降祸给一个人，必定先降下一些福分使他滋生骄慢之心，看他是否能够承受。得意忘形的原因有两点：一是自我感觉良好；二是被人吹捧。当自己被身边的人吹捧，难免得意忘形。这时候恰恰是最该冷静的时候。你认为自己把事情处理得很好，可实际上并没有得到所有人的认可。别人吹捧你，可能并不是因为你优秀，而是因为你所处的地位比他高，需要你的荫蔽，也可能是因为碍于情面。永远不要被骄傲遮蔽双眼，要保持一颗平常心，去认真对待你遇到的事情。也要明白，人外有人，山外有山的道理。

在日常生活中我们不难感受到，上天要降福给一个人，必定先降下一些祸事来使他警觉,看他有无自救的本领。天道尚且如此,何况人事。韩非告诉世人,越是好福气来临的时候,越要谦虚低调做人,这样才能守住好福气。一个人若衣食无忧,生活条件优越,则更容易骄奢淫逸,招致祸患。恰如晚清名臣曾国藩和左宗棠,他们都秉持着勤俭的家风,懂得求缺惜福、有福不可尽享的道理。上天先给你小福气,如果你产生了骄狂心理,则容易招致大祸患;上天先给你小祸患,如果你谨守敬畏心理,则可以赶走祸患,迎来更大的福报。如此,也才有机会达到韩非所企望的"全寿富贵"的理想状态。

第七节 贾谊的"安利为福"

司马迁将屈原和贾谊放在了一篇文章中介绍。《史记·屈原贾生列传》曰:"贾生名谊,洛阳人也。年十八,以能诵诗属书闻于郡中。吴廷尉为河南守,闻其秀才,召置门下,甚幸爱。孝文皇帝初立,闻河南守吴公治平为天下第一,故与李斯同邑而常学事焉,乃征为廷尉。廷尉乃言贾生年少,颇通诸子百家之书。文帝召以为博士。"[1] 强大的国家离不开顶尖的人才,"宣室求贤访逐臣,贾生才调更无伦。可怜夜半虚前席,不问苍生问鬼神。"李商隐的这首《贾生》,说的就是贾谊,评价的是孝文帝与贾谊见面时的场景。

贾谊在西汉初期绝对算得上是当时的"杰出青年",即便在他死后几十年,铁腕皇帝刘彻都对他念念不忘。不过,贾谊又是一个失意的天才,他虽然博学多才,有很多超前的见解,但是一生不为皇帝重用。他在人生的最后阶段当了梁国的国相,在随梁王入朝的时候,梁王意外坠马而亡,贾谊因为这件事而不能解脱,产生了深深的自责,短短一年后便与世长辞。

---

[1] 《史记》,第 5402 页。

贾谊的"福"文化观念主要体现在其《新书》中。他注意到了世人对福的向往，点评了人们求福的一般做法。他说："莫不慕福，弗能必得，而人心以为鬼神能与于利害，是故具牺牲、俎豆、粢盛，斋戒而祭鬼神，欲以佐成福，故曰'祭祀鬼神，为此福者也'。"① 意思是说，通常人们会摆上各种祭品，通过静心斋戒来祈福，虽说大家都盼求着福气，但是却不一定能够顺利得到。他从个人修德和君主治国的角度，明确提出"安利为福"的观念，具体有两个层面：其一是从个人修身的角度谈纳福，讲求修德之理，自身安利；其二是从国家的角度去谈纳福，所谓慎言善行，福灾之本。

一、修德之理，自身安利

从个人修身纳福的角度而言，贾谊很看重修德，这也是承袭了《尚书》"五福"中"攸好德"的观念。贾谊认为一个人的德行不够，就无法驾驭超出能力的权力、地位和财富，结果必然不堪重负，人毁房塌。这就是人们常说的"德不配位，必有灾殃"。生意做得再大，若见利忘义，事业如空中楼阁不会长久；朋友交得再多，若背信弃义，一朝失势会落得个树倒猢狲散；职位再高，若以权谋私，将从高处跌落谷底。德不配位、才不配能，从佛教的因果和福报理论来讲，终有一天福德会消耗殆尽，报应会很快来临。人生起起伏伏，大多如此。德行不配位，就如同小小身板想承受重物，所获之物远远超过自身承受之力，结局不言而喻。

俗话说：厚德载物。人的福气不是天定的，而是要靠自己去积累德行、努力修来的。德行越高，人越有福。有高尚的品德才能担得起财富、权力、声望这些福报。行善积德，就等于培植自己的福报。德厚之人必定心存正念，其福气也会不请自来，不仅能够改变自己的命运，还可以造福后代子孙。

"五经"在贾谊的眼里是用来修德的，他认为认真研读"五经"

---

① 贾谊：《新书》，方向东译注，中华书局，2012年，第273页。

并践行是一个人求福的根本。"真正的'乐'是从内向外散发出来的。一个人立身行道，才是快乐。真正照着圣贤的教诲去做，内心才会有源源不绝的喜悦。"①《新书·道德说》有言：

> 《书》者，着德之理于竹帛而陈之，令人观焉，以着所从事，故曰"书者，此之著者也"。《诗》者，志德之理，而明其指，令人缘之以自成也，故曰"诗者，此之志者也"。《易》者，察人之精德之理与弗循，而占其吉凶，故曰"《易》者，此之占者也"。《春秋》者，守往事之合德之理与不合，而纪其成败，以为来事师法，故曰"春秋者，此之纪者也"。《礼》者，体德理而为之节文，成人事，故曰"礼者，此之体者也"。《乐》者，书、诗、易、春秋、礼五者之道备，则合于德矣，合则欢然大乐矣，故曰"《乐》者，此之乐者也"。②

贾谊认为《书》的作用就是把修德之理写在竹帛上，记录下那些按照德的原理所做出来的事情；《诗》主要是写德的原理以及阐发德的主旨，给人们完善自我的参照；《易》是用来占卜查验德行的，通过占卜的吉凶结果，检查人们是否遵循了德的原理做事；《春秋》记录了人们做事的成败结果，是否符合德的标准，使后世引以为鉴；《礼》是根据德的原理来归纳礼乐制度，帮助人们成就事业；《乐》是在表现德的快乐。五部经典的所阐发的关于德的道理完备了，人们就会感受到欢欣与快乐。所以他总结道："人能修德之理，则安利之谓福。"③ 明确提出了安利之福的观念。

在中国传统文化中，"德"是一个非常重要的概念。而"德"又分阳德与阴德，也称为显德或隐德。"阴德果报观念并非对事物

---

① 《在北大听讲座》第18辑，第243页。
② 《新书》，第272—273页。
③ 《新书》，第273页。

发生原因的科学解释，但千百年来，这种观念早已深入人心。隋唐以来，科举制度得以普遍实行，阴德果报的观念又逐渐与科第功名结合在一起。由于这种观念在客观上有利于促进整个社会的向善之风，有利于维持现实的统治秩序，因而得到当权者的肯定和默许，于是阴德果报的功名观念在社会上愈加盛行不衰。"① 一个人表面随意自在，但却好运连连，人们往往就会讲这样的人有福气。而所谓福气，并非来自上天的眷顾，而是自己积累的德行。

那么，到底怎样的人才能算是阴德厚重的人呢？江阴曾有个秀才叫张畏岩，很有才华，可惜科举没中，他大骂考官有眼无珠，不识好文章。有一道人见他如此，就说一定是他文章不好。他很不服气，说道士又没有看见我的文章，怎么知道不好？道人一笑：我听说做文章要心平气和，你脾气这么暴躁，文章怎么会写得好？在现实当中，阴德厚重的人身上大都有以下四种特征：第一，很少发脾气；第二，懂得感恩；第三，对人友善；第四，懂得知足。那些脾气好，不爱生闲气的人，大都会给自己修来福报，能积累阴德。不懂感恩的人，往往不会有福气或福报。对人友善，则会给人带来好运和福气，而反过来，经常发怒或忧愁，则会带给人引来烦恼和灾祸。一个人越是不知足，其烦恼与困苦就会越多。因此，懂得知足，安于当下，才有可能积累福报，而这正是阴德厚重之人的另一种体现。

德是立身处世的根本。德者，得也，先有德，而后才能够得到。缺德之人，积恶虽不能人见，然日久必生灾殃；厚德之人，积德虽不能立显，但天长万物可载。德品修好了，修"小德"得小富贵，修"大德"得大富贵。德如同一棵大树的根基，根基深厚，则能开枝散叶，长成参天大树；根基浅薄，只会头重脚轻，最终轰然倒塌。为人处世成家立业，都以道德为准绳，播撒人间真善美，才

---

① 裴兴荣：《阴德果报的功名观——科举制度下金代文人的社会心态（二）》，《山西大同大学学报》2017年第4期，第50页。

能行稳致远。贾谊认为懂得修德之理，自身就可以安利得福，因为德行深厚，后福绵延。

二、慎言善行，福灾之本

针对处理国君和人民的关系，贾谊主张君主要慎言慎行，行善以求福。《新书·大政上》曰：

> 行之善也，粹以为福己矣。行之恶也，粹以为灾己矣。故受天之福者，天不攻焉。被天之灾，则亦无怨天矣，行自为取之也。知善而弗行，谓之不明；知恶而弗改，必受天殃。天有常福，必与有德；天有常灾，必与夺民时。故夫民者，至贱而不可简也，至愚而不可欺也。故自古至于今，与民为仇者，有迟有速，而民必胜之。知善而弗行谓之狂，知恶而不改谓之惑，故夫狂与惑者，圣王之戒也，而君子之愧也。呜呼，戒之戒之！岂其以狂与惑自为之，明君而君子乎，闻善而行之如争，闻恶而改之如仇，然后祸灾可离，然后保福也。戒之戒之！①

意思是说，做好事是为自己求福，做坏事是为自己招灾。有德行的人，上天才会赐福。特别是对于管理者而言，不要与民为敌，否则一定会招致灾祸。英明的君主要想保住福分，就要积极行善，远离坏事，这样才能躲避灾祸，得到福气。

《新书·大政上》又言：

> 是以智者慎言慎行，以为身福；愚者易言易行，以为身灾。故君子言必可行也，然后言之；行必可言也，然后行之。呜呼！戒之哉！戒之哉！行之者在身，命之者在人，此福灾之

---

① 《新书》，第277页。

本也。道者，福之本，祥者，福之荣也。无道者必失福之本，不祥者必失福之荣。故行而不缘道者，其言必不顾义矣。故纣自谓天王也，桀自谓天子也，已灭之后，民以相骂也。以此观之，则位不足以为尊，而号不足以为荣矣。故君子之贵也，士民贵之，故谓之贵也。故君子之富也，士民乐之，故谓之富也。故君子之贵也，与民以福，故士民贵之。故君子之富也，与民以财，故士民乐之。①

这个意思是：道是福的根本；吉祥，是福的花朵。不遵循正道的根本，就会失去福的根本。反观那些不遵循正道的人，也势必不慎言善行，就像纣王、夏桀这样的君主，他们的地位、名号都不能维持。没有道义的暴君，灾祸必将临头，福分定会失去。

慎言善行，推及个人也是福灾之本。一方面，知者不言，言者不知，智慧的人从不多说话，到处说长论短的人，也不是聪明人。病从口入，祸从口出，有福之人，一定是谨言慎行的。有时候管好自己的嘴巴，就等于守住了自己的福气。想要知道一个人有没有福，听他说话便可知。智者慎言善语，愚者妄言乱语。你的口中藏着你一生的命运。谨言慎行，嘴上有德的人，人生会越来越顺，口出狂言，嘴上无德的人，定会招惹祸端。正所谓病从口入，祸从口出。是非对错自有公道，管好自己的嘴，守住自己的心，说话谨慎才能积德享福。谦虚的人总是能看到自己的不足，能体贴尊重他人，不会盛气凌人。当你怀有谦卑之心，低调处世时，你的朋友会给你带来福气。另一方面，行善不在于事情大小，贵在坚持。只要一直保持善心，与人为善，处世光明，一生问心无愧，自能迎来福气。其实福相并不是外在的形，而是一种能量。福本身就是一种能量的存在，所以说你的相貌并没有藏着你的福，福都藏在你的气中。

阅读《新书》，我们会得出这样的结论：善良的人自然会多福，

---

① 《新书》，第280—281页。

凶恶的人会多祸事。

第八节　董仲舒的"天道义利"

董仲舒，生于汉文帝刘恒元年（前179）。景帝时曾任博士官。汉武帝于建元元年（前140）诏举贤良，并亲自策问。董仲舒对以"天人三策"，得到武帝的赏识。但因受丞相公孙弘的嫉妒，在朝中未被重用，先任江都王相，后任胶西王相，晚年托病归里，著书讲学。他的"福"文化观念主要见于《春秋繁露》《贤良对策》。董仲舒从德论及福，在天人感应思想体系下。他强调福是天道"施"、人道"义"的报应，由天道指引而修德致福。董仲舒带有神秘主义特点的天道观构成了其"福"文化观念的理论元点，义利观则是其"福"文化观念的德性指向。

一、天道：董仲舒"福"文化观念的理论元点

华夏民族的祖先们主要以农业为生，而古代的农民主要就是靠天吃饭。先民们顺着老天的意思，春种秋收，该播种的时候播种，该收获的时候收获，这样才能有饭吃。这种生活经验的积累锻造出了当时中国人的一种民族性格——顺应天道。顺着老天爷的节奏来，而不是随时想干什么就干什么。这样的一种对天人的认知也渗透到了董仲舒的"福"文化观念里。

公元前140年，汉武帝下诏令大臣举荐贤良。汉武帝亲自出题，围绕着古往今来治理天下的"道"，举办考试。董仲舒洋洋洒洒写了一篇文章来论述"道"。董仲舒在这篇著名的文章中指出："道者，所由适于治之路也，仁义礼乐皆其具也。故圣王已没，而子孙长久安宁数百岁，此皆礼乐教化之功也。"[①] 也就是说，人要

[①] 张少康、卢永璘选编：《先秦两汉文论选》，人民文学出版社，1999年，第369页。

顺应"天道",而不能违抗它。"如果我们回到董氏的作品,很直接可以发现,在其论述中,'天'可以说是一个出现最为频繁的词汇,以《春秋繁露》为例,"天"一共出现了970次。"① 顺应天道才能获得国家的长治久安,使得后代儿孙安宁康泰。这是从治国的宏观层面对"福"文化的一种认知,它也得到了汉武帝的关注。

"可以说,天是人世间一切事物的创生者与主宰者,也是政治领域中的启示者与审判者。因此,天无论是在自然领域还是在政治领域,都具有绝对的权威性。"② 如果君主能够在治理国家的过程中处处符合天道会怎么样呢?董仲舒认为,执政的好坏一定会得到天人的感应。如果官员追求虚名假誉而不注重实际政务,弄虚作假且毫无廉耻,就会导致阴阳失和,万物无法正常生长。他表示:

> 臣闻天之所大奉使之王者,必有非人力所能致而自至者,此受命之符也。天下之人同心归之,若归父母,故天瑞应诚而至。书曰"白鱼入于王舟,有火复于王屋,流为乌",此盖受命之符也。周公曰"复哉复哉!"孔子曰,"德不孤,必有邻"。皆积善累德之效也。及至后世,淫佚衰微,不能统理群生,诸侯背叛,残贼良民以争壤土,废德教而任刑罚。刑罚不中,则生邪气;邪气积于下,怨恶畜于上,上下不和,则阴阳缪盩而妖孽生矣。此灾异所缘而起也。③

简单来说,如果统治者做得不好,不符合上天的规矩,也就是"天道",那么老天爷会降下天灾来警告国君。如果还不改变,就将

---

① 何善蒙:《〈春秋繁露〉"天"论疏解》,《衡水学院学报》2023年第2期,第27页。

② 郭敬东:《天道、身道与国体:董仲舒国家建构思想的三重维度》,《齐鲁学刊》2019年第6期,第37页。

③ 《先秦两汉文论选》,第360—370页。

有各种奇怪的事情跟着出现。这样说的目的是让国君有所忌惮。如果国君还不听，那么老天爷会降下最严重的惩罚，让国家灭亡，让天下换一个朝代。如果统治者做得符合天道，自然会出现一些祥瑞的征兆。

　　董仲舒强调人要对"天道"无条件地服从，或者说是遵循，这是纳福的应有之义。道来源于天，只要天不变，道也不会变。天对万物的分类也有原则。让长出上齿的动物不再让它长犄角，让长出双翅的鸟类只有两只脚，让受大利的，不再取得小利。接受俸禄的官员不许从事农耕收获，不得经营工商末业，这也是天分配的原则。如果让得大利的人也获得小利，那么即使天也无法满足其贪欲，更何况是人？如果身居高位或者拥有很多的财富而又去追逐小利，那么民众的生活空间将受到挤压。在君子之位，而求小利，则会招致祸患。

　　董仲舒向统治者传达的意思是，有老天在，你的一言一行都会影响你这个王朝在老天眼里的印象，从而决定了这个王朝的命运。受此影响，两汉的皇帝对上天总是特别敬畏，不太敢胡来。这种"福"文化观念在一定程度上来说也制衡了君权。

二、义利：董仲舒"福"文化观念的德性指向

　　《春秋繁露·人副天数》曰："天德施，地德化，人德义。"①讲的是天的德性是施与，地的德性是化生，而人的德性是仁义。《春秋繁露·天道施》又言："天道施，地道化，人道义"②，意思是天道施与，地道养育，人道按照"义"来行事。在董仲舒看来，虽然义归属于人道范畴，但本质上还是天之道在人类社会的一种体现。人想要聚福，就需要用义的精神来滋养，如此自然会得到快

---

① 董仲舒：《春秋繁露》，张世亮、钟肇鹏、周桂钿译注，中华书局，2012年，第654页。

② 《春秋繁露》，第473页。

乐，反之则不会感觉安适。《春秋繁露·身之养重于义》曰："天之生人也，使人生义与利。利以养其体，义以养其心。心不得义，不能乐；体不得利，不能安。义者，心之养也；利者，体之养也。体莫贵于心，故养莫重于义。义之养生人大于利。"① 简言之，义可以用来涵养人的精神，利可以滋养身体。而身体没有精神那么贵重，所以义重于利。

"董仲舒这种正谊明道的义利观，属于典型的重义轻利的价值范畴。它要求人们在强制性的规范（三纲五常、天人感应等）之内反躬自省，追求人格的自我完善，精神的自我满足。它是董仲舒用以规范人心的工具，也是以伦理为本位的价值判断标准。正谊明道，作为一种伦理规范，它所要求的主体是臣民，谋利计功，作为一种价值标准，它所实行的对象只是君主和整个统治阶级。这就是董仲舒义利观的实质。"② 他以历史上的原宪、曾参、闵损这几个洁身自好的人为例，加以论证。他说：

> 今人大有义而甚无利，虽贫与贱，尚容其行以自好，而乐生，原宪、曾、闵之属是也，人甚有利而大无义，虽甚富，则羞辱大恶，恶深，祸患重，非立死其罪者，即旋伤殃忧尔，莫能以乐生而终其身，刑戮夭之民是也。③

行为高洁，言行符合道义，那么就算是低贱贫穷，也依然会乐在其中。行为缺乏道义，虽然尊贵富裕，但是却会遭受怨恨，自取祸端。不是即刻死于犯罪，就是要在以后遭受祸事，终身都不能感觉到幸福快乐。

---

① 《春秋繁露》，第330页。
② 李宗桂：《董仲舒义利观揭旨》，《齐齐哈尔师范学院学报》1991年第4期，第19页。
③ 《春秋繁露》，第330—331页。

"在董仲舒的义利思想中,并非不要利,而是义利兼顾。但义与利两相比较而言,他又是主张重义轻利的。"① 董仲舒得出了这样的结论:"夫人有义者,虽贫能自乐也;而大无义者,虽富莫能自存,吾以此实义之养生人,大于利而厚于财也。"② 他进一步明确了"义重于利"的主张。虽然说物质利益是不可缺少的,甚至物质利益还成为很多人心中对"福"的追求,不过,道义原则其实远比物质利益的价值要高。董仲舒坚持认为义是衡量利的重要标准,这种观念也拓宽了对"福"的理解范畴,"福"不仅仅是物质层面的享有,也要重视精神德性层面的收获。心不得义,则不得乐。董仲舒的"福"文化观念显然融合了天道观与义利观,在当时发挥了一定作用,对今天我们多方面理解"福"也有着一定的价值。

第九节　王充的"福虚之论"

王充,字仲任,是我国东汉时期伟大的唯物主义思想家和无神论者。他批判当时的神学迷信,捍卫和发展了先秦以来唯物主义的思想传统,建立了元气自然论的唯物主义哲学体系。王充的思想成就在我国古代思想史上具有重要的历史地位。他的思想主要见于《论衡》,书中运用大量例证直接抨击今文经学家们具有宗教神学的学术倾向。王充的"福"文化观念集中在探讨福虚、祸虚、命禄、逢遇、感类等方面,具体涉及三个方面:其一是对命禄、仕途上逢遇无常的理解;其二是对天不佑福、遭遇适然的理性判断;其三是对禀命验吉、政和应瑞的阐发。

---

① 陈嘉珉:《试论董仲舒的"义利"思想》,《西藏大学学报》2008 年第 3 期,第 70 页。

② 《春秋繁露》,第 331 页。

一、命禄有定，逢遇无常

《论衡·命禄篇》曰：

> 凡人遇偶及遭累害，皆由命也。有死生寿夭之命，亦有贵贱贫富之命。自王公逮庶人，圣贤及下愚，凡有首目之类，含血之属，莫不有命。命当贫贱，虽富贵之，犹涉祸患矣。命当富贵，虽贫贱之，犹逢福善矣。故命贵，从贱地自达；命贱，从富位自危。故夫富贵若有神助，贫贱若有鬼祸。①

王充认为，一个人的贫富贵贱归根到底是由"命""禄"所决定的。凡是"命""禄"决定了的，人力就无法改变。

在王充看来，凡是碰巧迎合了君主或上司而受到赏识重用，与受到来自乡里和朝廷的损害，都是由于命。有死亡、出生、长寿、夭折的命，也有尊贵、卑贱、贫穷、富裕的命。从王公大臣到普通老百姓，圣人贤人到广大劳动人民，凡是有头脑、眼睛以及体内含着血液的动物，没有谁没有命。命应当贫贱的，即使现在富贵了，也还会遭受祸患，失去富贵；命应当富贵的，即使现在贫贱了，也还会遇上福善，脱离贫贱。所以，命该尊贵，也会从卑贱的地位自然得到富贵；命该贫贱，也会从富裕的地位自然地衰败。富贵好像有神灵来辅助，贫贱好像有鬼魂来祸害。

《论衡·命禄篇》又言："有才不得施，有智不得行，或施而功不立，或行而事不成，虽才智如孔子，犹无成立之功。"② 王充以孔子为例，说即使才能智慧都像孔子一样，有才能得不到施展，有智慧得不到利用，或者是施展了却没有立下功劳，或者是发挥过却事不成，这些情况都是常见的。孔子的各种境遇的确比较糟糕，五

---

① 《论衡校释》，第20页。
② 《论衡校释》，第21页。

十岁时才得以从政，一路从中都宰、小司空做到了大司寇。然而，这便是他从政生涯的顶峰，很快就又失去了权势。他游历十四年，到处都被排挤，郁郁不得志。再看王充本人，五十九岁才走入官场，短短两年后即退出仕途，实在有些太快。一个志远识高、不苟流俗的人都会不合时宜，无法亨通显达。

纵然是天命难知，王充也劝人积极面对生活，对福祸坦然接受。他说：

> 天命难知，人不耐审，虽有厚命，犹不自信，故必求之也。如自知，虽逃富避贵，终不得离。故曰"力胜贫，慎胜祸"。勉力勤事以致富，砥才明操以取贵，废时失务，欲望富贵，不可得也。虽云有命，当须索之。如信命不求，谓当自至，可不假而自得，不作而自成，不行而自至？夫命富之人，筋力自强；命贵之人，才智自高，若千里之马，头目蹄足自相副也。有求而不得者矣，未必不求而得之者也。精学不求贵，贵自至矣。力作不求富，富自到矣。①

他认为努力干事业以求致富，磨炼才能培养德操以求取得功名，浪费时间不务正业，想得到富贵是不可能的。虽说有命，还是应当而且必须去努力追求它。

在仕途晋升的方面，王充通过对历史人物的分析，指出一个人能否做官，官阶的高低，并不凭他才能的大小，品德的好坏，而要看他能否投合君主、长官个人的好恶和利益。《论衡·逢遇篇》曰：

> 操行有常贤，仕宦无常遇。贤不贤，才也；遇不遇，时也。才高行洁，不可保以必尊贵；能薄操浊，不可保以必卑贱。或高才洁行，不遇，退在下流；薄能浊操，遇，在众上。

---

① 《论衡校释》，第 26 页。

> 世各自有以取士，士亦各自得以进。进在遇，退在不遇。处尊居显，未必贤，遇也；位卑在下，未必愚，不遇也。故遇，或抱洿行，尊于桀之朝；不遇，或持洁节，卑于尧之廷。所以遇不遇非一也。或时贤而辅恶；或以大才从于小才；或俱大才，道有清浊；或无道德，而以技合；或无技能，而以色幸。①

他指出，只要能投合，即使是"窃簪之臣""鸡鸣之客"，也可以飞黄腾达；即使毫无才能，单凭"形佳骨娴，皮媚色称"，也能受宠。基于此，他才说一个人处尊居显，未必就有多么贤能。而一个人位卑在下，也未必就愚钝。对一个人不能单凭被上级重用就吹捧，更不能因其不被重用就肆意诋毁。王充以豁达的心态和理性的分析，拓展了人们对"福"的多元化理解。

二、天不佑福，遭遇适然

汉代社会上的主流思想认为行善者得福，干坏事的人遭祸，福与祸的报应，都是由天来决定的。人们不论贵、贱、贤、愚，没有不认同的。由于他们看见过去有文字记载的事例，又看见做好事的人时常得福，所以就相信了，认为确实是这样。或许是圣贤想规劝人们做好事，用行善得福、为恶遭祸的说法来表明有德必得好报；或许是做好事的人碰巧得福，遇见这种情况的人就认为行善得天好报这种情况是真实的。

王充在《论衡·福虚篇》中驳斥了行善可以得天福佑的说法。《论衡·福虚篇》便言：

> 世论行善者福至，为恶者祸来。福祸之应，皆天也，人为之，天应之。阳恩，人君赏其行；阴惠，天地报其德。无贵贱贤愚，莫谓不然。徒见行事有其文传，又见善人时遇福，故遂

---

① 《论衡校释》，第1页。

信之，谓之实然。斯言或时贤圣欲劝人为善，著必然之语，以明德报；或福时适，遇者以为然。如实论之，安得福佑乎？①

有人认为，恶人有过错，一定要遭到天地鬼神降灾祸的惩罚。王充则认为这是"虚而无验"的欺人之谈。《论衡·祸虚篇》曰："凡人穷达祸福之至，大之则命，小之则时。"② 就是说，凡是人的穷困、发达、灾祸、福禄的到来，从大来说就是天命，从小来说就是时运。"非穷贱隐厄有非，而得封见官有是也。穷达有时，遭则有命也……然一成一败，一进一退，一穷一通，一全一坏，遭遇适然，命时当也。"③ 并不是贫贱穷困的人有过错，而得到封侯做官的人就一定正确。穷困与发达由时运决定，遭灾还是被提拔重用由命决定。一个人或成功或失败，或升官或隐退，或贫困或通达，或保全或毁败，都是因为遭祸得福恰好如此，天命时运该当这样。

三、禀命验吉，政和应瑞

王充明确反对"天人感应"思想，更不认同灾异谴告的说法。《论衡·感类篇》曰："阴阳不和，灾变发起，或时先世遗咎，或时气自然。贤圣感类，慊惧自思，灾变恶征，何为至乎？引过自责，恐有罪，畏慎恐惧之意，未必有其实事也。"④ 他认为自然之气不和，便会产生种种自然灾变。统治者的反省、自责，不过都是主观上的感受和臆断罢了，也可能仅仅出于一种政治形象的塑造，与实际并不相符。

或许是出于对东汉王朝的肯定，也可能出于想表达自己对君主的赞美，王充认同符瑞之说。在汉代经学的视野之下，士人将自己

---

① 《论衡校释》，第261页。
② 《论衡校释》，第280页。
③ 同上。
④ 《论衡校释》，第786页。

的前途命运与所处时代、政治形势紧密地联系在一起，其中当然也有寄希望通过文章进而获得当朝统治者的重用。恰如吕思勉所言："天下总是为学问而学问的人少，为利禄而学问的人多。"① 汉朝的传播思想发展演变的过程之中，政治和文学始终紧密缠绕着。士大夫的利益与皇权大一统结合于一处，共同催生了文人阶层对当朝统治者强烈的依附。王充所生活的时代正是东汉的中兴时期，在经学的影响之下，汉代文人在精神上可以说都肩负着宣德尽忠的文学使命。在颂德之风盛行的岁月，像司马迁、班固这样的心怀"实录"史学精神的文人也概莫能外，他们大力颂扬君王和所处的时代。身逢盛世，王充身处于那个历史时段之中，自然也难出其右。

王充用了很多篇幅谈论因汉代君主的仁德带来的祥瑞之兆。纵观《论衡》全书，王充多次提到符瑞相关的词。经检索，会发现其中"凤凰""神雀""甘露""鸾鸟""麒麟""嘉禾""白雉""紫芝""醴泉"的出现频率很高。这些词汇主要见于：《讲瑞篇》《指瑞篇》《是应篇》《异虚篇》《状留篇》《宣汉篇》《恢国篇》《自纪篇》《知实篇》《乱龙篇》《商虫篇》《自然篇》《验符篇》《佚文篇》《儒增篇》《超奇篇》《初禀篇》《道虚篇》《吉验篇》《奇怪篇》《书虚篇》《问孔篇》《说日篇》《状留篇》《遭虎篇》《齐世篇》《书解篇》这27篇文章之中。其中凤凰出现（或是以单字出现）171次；神雀12次；甘露58次；鸾鸟3次；麒麟（或是以单字出现）38次；嘉禾16次；白雉20次；紫芝16次；醴泉25次。

"祥瑞又称符瑞，儒家将之定义为表达天意的、对人有益的自然现象。祥瑞种类极多，'五灵'等级最高，也就是麒麟、凤凰、龟、龙和白虎，有'麟凤五灵，王者之嘉瑞'的说法，之后则是大瑞、上瑞、中瑞、下瑞。"② 从政治化角度诠释祥瑞、吉验等现象

---

① 吕思勉：《中国通史》，中华书局，2015年，第125页。
② 叶克飞：《喜剧和造假其来有自 中国历史上的祥瑞》，《新周刊》2014年第9期，第128页。

的起源很早，可追溯至三皇五帝时代，在《淮南子》中就有将三皇五帝的政声政绩与自然现象联系在一起的文字表述。在2014年发掘的甲骨刻辞中，有一片"小臣刻墙辞"的骨板，上面刻着的"白麟"，经过学界的考证，认定其为我国古代历史上最早记载的祥瑞吉验。

王充认为正是汉代君主的德政，才使得国家呈现福气的征兆。他说：

> 且瑞物皆起和气而生，生于常类之中，而有诡异之性，则为瑞矣。故夫凤凰之至也，犹赤乌之集也。谓凤凰有种，赤乌复有类乎？嘉禾、醴泉、甘露，嘉禾生于禾中，与禾中异穗，谓之嘉禾。醴泉、甘露，出而甘美也，皆泉、露（之所）生出，非天上有甘露之种，地下有醴泉之类，圣治公平，而乃沾下产出也。蓂荚、朱草，亦生在地，集于众草，无常本根，暂时产出，旬月枯折，故谓之瑞。①

谈嘉禾、醴泉、甘露、凤凰等具有奇特的本性，皆为天地间的和气所催生出来的祥瑞。他明确指出甘露、凤凰、麒麟等祥瑞在汉代出现的真实性。

当然，从王充对"福"文化的表述上看，依旧存在受到古代自然天命论束缚的痕迹。也就是说，他的唯物主义的道路上走得并不彻底。在那个时代背景下，他做出了对"福"的独特解读。《论衡》这本书在王充生前并没能给他带来什么名声与政治出路。王充始终未能进入所谓主流文人的行列之中。不过，人们总会在某些历史时期重读《论衡》，去感受王充"福"文化观念的积极部分。

---

① 《论衡校释》，第730—731页。

第十节 苏轼的"豁达乐天"

苏东坡,字子瞻,号东坡居士。在中国,像苏东坡这样的人物,其实不需要太多介绍,他是家喻户晓、妇孺皆知的乐天派,是散文作家,是书法家,是诗人,是假道学的反对派。对苏轼"福"文化观念的了解,除了反复吟诵他的词之外,还可以阅读林语堂的《苏东坡传》。林语堂在阅读了苏轼的札记、七百首诗以及八百通私人书简后完成了力作《苏东坡传》,完整地展示了苏轼由童年至老年,由得意至失意,由身居显位到频频贬谪的命运流转。如果从实际的境遇上讲,苏轼一生沉浮,很难将他的境遇与福气画上等号。"苏东坡的一生是最罕见的坎坷,也是最罕见的壮丽。从沉思到觉醒,从囚徒到英雄,从苦难到辉煌,忧喜相寻。北宋专制皇权造成东坡的政治人生和自然人生是扭曲的、畸形的、奇特的;而东坡坚持'达济穷善'的初心,民为邦本,顽强斗争,终使自己的文化人生和道德人生又是辉煌的、英雄的、千秋的。"[1] 不过,在任何环境中,苏轼都努力做到了为百姓做实事,为天下修文章,为内心求安宁。他黄州救婴,惠州修桥种稻,儋州教化民风……抓了一手"烂牌",却过了精彩的一生。

苏轼的"福"文化观念体现在其对生活的态度上,得意时淡然,失意时坦然。这话讲出来容易,真正去面对的时候,却又冷暖自知,不是所有人都能够坦然面对的。苏东坡的伟大之处就在于,无论身处何种处境,都能够接受现状,而不是被动抱怨。他能在任何境遇之下找到生活的乐趣。他对富贵命禄都有着豁达的理解,对养生积福也自有其法。尽管屡次遭受贬谪,但仍能无所畏惧,活得快乐。《苏东坡传》评价道:"他的一生是载歌载舞,深得其乐,忧

---

[1] 饶学刚:《忧喜相寻 苦难辉煌——苏东坡独特的人生周期律》,《乐山师范学院学报》2022年第2期,第1页。

患来临，一笑置之"。① "福"在很多情况下是一种心境的感受，当一个人能够处变不惊，学会自处，自然就是纳福了。

一、天风海雨，随遇而安

苏轼早年意气风发，从他的《念奴娇·赤壁怀古》就能感受到："大江东去，浪淘尽、千古风流人物。故垒西边，人道是，三国周郎赤壁。乱石穿空，惊涛拍岸，卷起千堆雪。江山如画，一时多少豪杰。"②小时候的苏轼喜欢读《范滂传》，对这个勇敢的范滂很是钦佩。于是，他问母亲："我长大之后若做范滂这样的人，您愿不愿意？"母亲回答道："你若能做范滂，难道我不能做范滂的母亲吗？"③然而，从壮年开始，他的生活就一直处在戏剧化的动荡之中。我们不妨体会一下他的遭遇：王安石变法的时候，苏轼因为政见不同被视为旧党，后因政敌诬陷其讥讽朝政，陷入史上著名的"乌台诗案"，其后不断被贬黜到黄州、颍州、扬州、惠州、儋州，可谓一生坎坷。

当你的生活总是大起大落，不断地一切归零的时候，你会做出怎样反应？或是苦苦挣扎，想尽一切办法逃离；或是自怨自艾，诅咒上天待之不公。其实，哪种反应都是人之常情，无可厚非。好在苏东坡早就有着超脱的心态。《定风波·莫听穿林打叶声》写道："莫听穿林打叶声，何妨吟啸且徐行。竹杖芒鞋轻胜马，谁怕？一蓑烟雨任平生。料峭春风吹酒醒，微冷，山头斜照却相迎。回首向来萧瑟处，归去，也无风雨也无晴。"④词前有一段小序，记述了词人野外途中偶遇风雨的一件小事。公元1082年，是苏轼被贬到黄州的第三个春天。这一日，苏轼和朋友们外出游玩，忽然有风雨

---

① 林语堂：《苏东坡传》，群言出版社，2009年，《原序》第6页。
② 吕明涛、谷学彝编注：《宋词三百首》，中华书局，2016年，第86—87页。
③ 《苏东坡传》，第17页。
④ 《宋词三百首》，第94—95页。

袭来，朋友们都被淋得狼狈不堪，唯有苏轼一人浑不在意，泰然处之，缓步慢行，不久天便晴了，于是有了这首词。这样大的雨，这样狂的风，身边没有片瓦遮身，手边亦没有雨具遮挡，普通人想必都会仓皇失措、狼狈不堪的吧。唯有苏轼一人，将这骤雨狂风视作寻常，他要从容淡定地走，放怀吟唱地行。"莫听""何妨"四字，最能见出词人泰然的心态，风雨不足惧，外物不萦怀。风雨淋漓，我自撑着竹杖、穿着草鞋，轻便犹胜过骑着马儿。这些都不过是小事情罢了，又有什么可害怕的呢？且披着一袭蓑衣，走过这苍茫烟雨，任凭湖海中度过平生。穿着草鞋，冒着风雨，走在泥泞的路上，当真能胜过骑着马儿吗？我想不是的，可词人却偏要这样写。一个"轻"字，便淋漓尽致地传达出词人不惧风雨、笑傲人生的旷达豪迈的心胸。

苏轼对"福"自有一番开明的认知，他的手稿中有这么一句话："处贫贱易，处富贵难。安劳苦易，安闲散难。忍痛易，忍痒难。人能安闲散，耐富贵，忍痒，真有道之士也。"[①] 晚年他被流放海南岛，若没有如此达观的精神是无法支撑的。他曾描述过那种生活条件上的艰苦："此间食无肉，病无药，居无室，出无友，冬无炭，夏无寒泉，然亦未易悉数，大率皆无尔。唯有一幸，无甚瘴也。"在任何人看来，这样的生活环境着实没有什么趣味可言。此时的苏轼所表现出来的人生态度又会是怎样的呢？他常常牵着一条大狗随意游逛，以闲谈为乐。无论对方身份高低，他都能席地而坐，与之畅谈各种话题。乘兴而来，尽兴而去。他对弟弟子由讲过："我上可以陪玉皇大帝，下可以陪卑田院乞儿。在我眼中天下没有一个不是好人。"[②] 他的不屈不挠与豁达开朗，这些或许就是中国千百年间会有那么多人热爱这位诗人的原因。

---

① 《苏东坡传》，第 84 页。
② 《苏东坡传》，第 237 页。

二、养生积福,自寻快乐

如果说接受现实随遇而安是心理的纳福,那么注重养生和自寻快乐就是从身体上惜福了。一个人如果在任何情况下都能吃、会吃,且懂得养生,自己随时留意生活的乐趣,无论如何都算得上是有福气的。苏轼曾经写过《上张安道养生诀论》《问养生》等,阐述自己的养生之道。有一次,有位张姓的朋友向苏东坡求教长寿的良方,苏轼写下四味"长寿药":无事、早寝、安步、晚食。

> 一曰无事以当贵,二曰早寝以当富,三曰安步以当车,四曰晚食以当肉。①

无事以当贵,就是要保持平常心去看待荣辱得失与富贵荣华;早寝以当富,就是要保持良好的生活规律;安步以当车,是指要适当的运动;晚食以当肉,是说饥饿时才进食,并且不要过饱,注重对肠胃的保养。他进一步指出:

> 夫已饥而食,蔬食有过于八珍,而既饱之余,虽刍豢满前,唯恐其不持去也。若此可谓善处穷者矣,然而于道则未也。安步自佚,晚食为美,安以当车与肉为哉?车与肉犹存于胸中,是以有此言也。②

也许是上天喜欢开玩笑,发现了这位苏先生有如此淡定的心态,那么不妨就让他慢慢体验,再静观其变吧。于是,他便在一轮

---

① 《苏轼有四味"长寿药" 无事、早寝、安步、晚食》,人民网,2015年04月26日,http://health.people.com.cn/n/2015/0426/c14739-26904856.html,2022年8月6日查阅。

② 《苏东坡传》,第157页。

又一轮的贬谪中辗转。苏东坡被贬黄州时，他自创了一种青菜汤，名曰东坡汤，还发明了一种炖煮黄州猪肉和煮鱼的方法。"他基于节俭和养生两个方面的原因，给自己制订了日常伙食标准：每顿饭只饮一杯酒，吃一道荤菜。若有贵客来访，盛宴招待，也不过三道荤菜，而且只能少不能多。若是别人请客，也先告诉人家，不要过量，若人家不答应，就干脆不去。"① 苏东坡享受着悠然见南山般的田园情调，吃得开心，玩得快乐。

苏轼一生都过着俭朴的生活，虽命运多舛，但一直保持身心的健康愉悦。苏轼二十岁中进士，可谓少年得志。中年却接连被贬，半生流离。可无论境遇如何，他都不忘修养身心，丰富自我，最终活成大家向往的模样。苏轼用他的一生告诉我们，人生可能会有很多糟糕的境遇，仕途不畅、诸事不顺，越是这样，内心的调整就更显得重要。随遇而安，积极面对生活，就是我们这辈子最好的祈福修行。很多境况全在于自己怎么看，怎么去诠释。换一个角度，你看到的就是另一个版本的世界，就能体会到福的真谛。

第十一节　袁了凡的"福由己求"

明代思想家袁黄，字坤仪，号了凡。他为了教育自己的儿子，写下《训子文》，后为启迪世人，遂改书名为《了凡四训》。《了凡四训》是一本种德立命、修身治世的教育书籍，讲述如何正确地得到健康、财富、功名。袁了凡以自己的亲身经历，讲述了改变命运的过程。

袁了凡幼年丧父，母亲命他弃科举学医术，既能养生，又能济人。相传，一天他在慈云寺偶遇一位孔老先生，对方说他是仕途中人，明年科考定能高中。袁了凡回家告诉了母亲。恰好他表兄有朋

---

① 史智鹏：《苏东坡的黄州养生理念与实践》，《黄冈职业技术学院学报》2023年第1期，第16页。

友开私塾,他就去那里读书,次年果真中了秀才。而后的人生轨迹也皆如孔老先生算定一般。自此,袁了凡认为人生际遇、吉凶祸福、贫富贵贱都有命,不可强求,以上也就是所谓"定数"。直到有一年,袁了凡去南京栖霞山拜访云谷禅师。禅师说"凡人所以不得作圣者,只为妄念相缠耳。汝坐三日,不见起一妄念,何也?"①袁了凡讲述自己早年算命经历,认为荣辱生死皆有定数,所以无杂念。云谷禅师笑说:本以为你是豪杰,原来只是凡夫。并告诉袁了凡,命由我作,福自己求。他二十年来一心清净,命运没有丝毫改变,是因为守定"常数",不知命运有"变数"。云谷禅师指出袁了凡原本命中不登科第、不能生子的原因,让他扩充德行,力行善事,多积阴德。袁了凡拜而受教,并发誓行善事三千条。云谷禅师授其"功过格",每日记录所行之事。他先是认识了命运,然后尝试着改变自身的命运。可以说,他的经历正是他人生路上的福报。

袁了凡的玄妙经历我们姑且不谈,但就其书而言,《了凡四训》算得上是劝善书中的经典之作,劝善是全书的重点和宗旨,其中的《积善篇》占了全书一半的篇幅。它阐明了善的含义、明辨善恶的标准、行善的道理和方法。袁了凡在当时已名扬四海,直到今天,他的思想还在发扬光大。袁了凡的"福"文化观念可以总结为八个字:命由我作,福自己求。具体可分为三个方面,即:改过、积善、谦德。

一、改过之法

每个人都是解决自身问题的专家,要从自身找答案,因势利导,开启自己本有的智慧。立命的第一步叫作改过,就是说要先端正心态,找出自身的缺点,并一一改正过来。知错是一种辨别是非的能力。知错能改,善莫大焉,只有知错而自知并悔改才能真正成

---

① 袁了凡:《了凡四训》,尚荣、徐敏、赵锐评注,中华书局,2013年,第18页。

长起来。要以圣贤为楷模，立下决心，邪念不生。为什么要改过呢？袁了凡是这样讲的：

> 福之将至，观其善而必先知之矣。祸之将至，观其不善而必先知之矣。今欲获福而远祸，未论行善，先须改过。[1]

他认为吉凶祸福都是有预兆的，观察一个人的言行，如果是善言善行，那么福气就会来到，如果没有善言善行，那手中的福气也会享尽。所以要先改过。

袁了凡告诉我们，做善事之前要先改过。他将改过分为三步，首先要产生知耻心，其后有敬畏心，最后要有勇猛心。知耻就是要和圣贤去比照，反观自己的德性，然后才能上进。敬畏心是指对上天和鬼神的恭敬，继而对自己的言行进行约束。勇猛心是指改正自身缺点的勇气和决心。他说："务要日日知非，日日改过；一日不知非，即一日安于自是；一日无过可改，即一日无步可进。天下聪明俊秀不少，所以德不加修、业不加广者，只为因循二字，耽搁一生。"[2] 如果以前做了很多错事，所有的事情都在我们的潜意识里存储，永远不可能抹去，只能去忏悔，也就是需要自己在心灵上清洗，如果不清洗，堆积得越多生命越痛苦。袁了凡反思自己从前的错误，不能得子、不能得科名的原因主要是性情急躁，不能包容别人；直心直性，轻言妄谈；脾气暴躁，喜欢发怒；不愿意帮助别人；喜欢多言，喜欢批评指责别人；过恶尚过，不能悉数。归纳出了这些自身的问题，就逐一去改正。

关于如何反省，袁了凡采用一种叫"功过格"的小册子，在上面记录有功和有过错的地方，有功的打正分，有过错的打负分，每月一次小结，每年一次全面总结，功过相抵最后是正分，则表示有

---

[1] 《了凡四训》，第69页。

[2] 《了凡四训》，第66页。

进步，反之是退步。这跟我们现在所说的设定目标、执行计划、复盘总结，其实是同一方式，只不过记录的内容不同罢了。用功过格记录了功过之后，有功的、做得对的事，自然要持之以恒继续做下去，有过错的地方，当然需要改，而且保证以后不再犯。

了凡在家训中介绍了三种改过的方法：从事上改、从理上改、从心上改。从事上改，就是从事情本身，从行为上改。比如昨天偷懒没读书，今天改正了开始读书；昨天我对人发火了，今天我改正不发火。从理上改，就是从道义层面出发，不光要知道这件事做错了，而且要知道为什么做错。从心上改，就是要修心。一切善恶都出自人的内心，起心动念就有了善恶。

二、积善之方

《了凡四训》中列举了大量的案例说明积善之家必有余庆的道理。其中一个案例来自福建莆田。

> 莆田林氏，先世有老母好善，常作粉团施人，求取即与之，无倦色。一仙化为道人，每旦索食六七团，母日日与之。终三年如一日，乃知其诚也。因谓之曰："吾食汝三年粉团，何以报汝。府后有一地，葬之，子孙官爵，有一升麻子之数。"其子依所点葬之，初世即有九人登第，累代簪缨甚盛。福建有"无林不开榜"之谣。①

故事的大意是：在福建莆田，曾有位老人家每天布施给别人。有个仙人化身为道士，每天来取食物，三年如一日。他发现老人家的确诚心诚意做善事，就帮着她找了一块风水宝地，让她死后葬在那里。仙人预言，因其善心善行，她的子孙会有很多人做官，成就功业。他的子孙果然数代加官晋爵，此后民间甚至有"福建有无林

---

① 《了凡四训》，第113页。

不开榜"的说法。

袁了凡认为，人们去行善，如果有利于他人那就是为公，为公就是真行善；有利于自己的就是为私，为私的就是假行善。他说：

> 又为善而心不着善，则随所成就，皆得圆满。心着于善，虽终身勤励，止于半善而已。譬如以财济人，内不见己，外不见人，中不见所施之物，是谓三轮体空，是谓一心清净，则斗粟可以种无涯之福，一文可以消千劫之罪。倘此心未忘，虽黄金万镒，福不满也。此又一说也。①

没有把这些妄想杂念除掉。纵然将黄金万镒拿来布施，所得的福报都不是圆满的。发自内心的是真的，沿袭他人的就是假的。还有不求任何回报而行善的是真善，为了某种目的而行善是伪善。像这些道理，都需要自己认真地分辨、考察。

"因袁了凡在世时，就获得现世的福报，成功改变命运，这给当时百姓及后人相信做善事终会有善报的信念。"② 究竟要怎样积善呢？袁了凡提出十条参考标准，可谓面面俱到。他说："随缘济众，其类至繁，约言其纲，大约有十：第一，与人为善；第二，爱敬存心；第三，成人之美；第四，劝人为善；第五，救人危急；第六，兴建大利；第七，舍财作福；第八，护持正法；第九，敬重尊长；第十，爱惜物命。"③ 随缘的功德太多太多了，袁了凡只是粗略总结了一些体会供人参考。

三、谦德之效

能够积善自然最好，但人在社会上不能不和人来往，做人的方

---

① 《了凡四训》，第 156 页。
② 梁大秀：《论袁了凡的以善立命观》，《哈尔滨师范大学社会科学学报》2017 年第 5 期，第 13 页。
③ 《了凡四训》，第 162 页。

法必须讲究，而最好的方法就是谦虚。一个人能谦虚，在社会上一定会得到大众广泛的支持与信任，而懂得谦虚，不但学问上要求进步，做人做事交朋友等等，样样都会要求进步。所有种种的好处，都从谦虚上得来，所以称为谦德。

谦德就是要谦虚谨慎，虚己待人。如果说积善是自我的修行，专注于自身的话，那么，谦虚则是在人际关系中不可或缺的重要态度。试想，一个不知道谦虚的人，是多么鲁莽和无知啊。无知者无畏，不知谦虚的人肯定会捅出大娄子。人们都厌恶骄傲自满的人，而喜欢谦虚谨慎的人。《了凡四训》曰：

> 彼气盈者，必非远器，纵发亦无受用。稍有识见之士，必不忍自狭其量，而自拒其福也，况谦则受教有地，而取善无穷，尤修业者所必不可少者也。①

意思是，那些满怀傲气的人，必定没有远大的气度，纵然发达了也没有什么可享受的余地，因为他的福气是不会长久的。稍微有见识的人，必定不会使自己心胸狭隘，从而拒绝自己可以得到的福报。谦虚的人才有接受教诲的机会，从而受益无穷，这尤其是修习学业的人所不可缺少的。和一个内在谦德的人打交道，有如沐春风的舒服感。他不抬高自己，也不贬损别人。他会照顾到别人的境况甚至局限，也会理解个中的复杂不易。而和一个高傲、自负的人交往，都会生出几分厌恶之感，甚至会认定此人做事不牢靠，不专业，应谨慎再谨慎，防范再防范。

> 人之有志，如树之有根。立定此志，须念念谦虚，尘尘方便，自然感动天地，而造福由我。②

---

① 《了凡四训》，第199页。
② 《了凡四训》，第200页。

人有志向，就像树木有根基。立定志向之后，还必须不忘谦虚，处处予人方便，这样自然会感动天地，所以说造福全在我们自己。

看一个人有没有生命力，先看他谦虚还是傲慢。如果他谦虚，一定有福；如果他傲慢，一定有祸。"谦德之效"讲的就是这一道理。"恂恂款款，不敢先人"是谦，"恭敬顺承，小心谦畏"是谦，"受侮不答，闻谤不辩"是谦，能帮人是谦，不敢犯错是谦，能遵纪守法是谦，知过是谦，改过是谦，浮者自实是谦，肆者自敛是谦。这些谦的样子都搞清楚了，马上就能看出这个人有福无福。

《了凡四训》这本书就是一本引人向善的书，它告诉我们，在迷茫时，不知道该做什么时，就做好事吧，高兴啊悲伤啊都不妨碍自己做好事。每天都做好事，这样就会开开心心。在不知道自己的命运如何的情况下，"但行好事，莫问前程"总是没错的。"福禄寿是中国民众祈求的最高愿望，有了这样的信仰支柱，民众从善积极性增加。因果观对提高人民道德素养，构建和谐社会有着思想上的引领作用。因果观突出道德在生命流转过程中的决定性作用，善有善报使得人们为善更加积极，而作恶就有所顾忌。"[1] 我们需要承认《了凡四训》劝人行善的益处以及对因果不虚的阐述，同时也要看到它带来的功利效应和弊端。使得大家的发心不纯，迷恋趋于名利的行善不是真善。袁了凡的"福"文化观念表现的是一种积极主动的生活态度，乐观向上、不懈进取的精神。向善行善，获得福报，这就是袁了凡"福"文化观念在今天的意义所在。

第十二节　曾国藩的"家书话福"

坊间流传着一句话：做官要学曾国藩，经商要学胡雪岩。曾国藩，字伯涵，湖南湘乡人。中国近代政治家、战略家、理学家、文

---

[1] 赵霞：《〈了凡四训〉中的因果观及其当代意义》，《江苏第二师范学院学报》2017年第1期，第104页。

学家,湘军的创立者和统帅。其祖父曾玉屏是个生财有道的小地主,父亲曾麟书年轻时初为山乡塾师(民办教师),秀才考了 17 次,在 43 岁那年终于考上了,成为曾氏家族几百年来第一个大秀才,家族从此后仕途兴旺。五个儿子之中,曾国藩、曾国荃都位高权重,所以父凭子贵,作为知名乡绅活跃于湖南城乡。曾国藩死后获封一系列头衔(诰封中宪大夫、荣禄大夫、光禄大夫,诰赠建威将军、武英殿大学士、两江总督、一等威毅侯、一等威毅伯)。曾国藩是中国历史上一个显赫又颇具争议的人物,但他的治家纳福的思想却得到后人的一致赞许。曾国藩的"福"文化观念体现在三个字上面:勤、俭、谦,这些"福"文化观念主要见于《曾国藩家书》。

一、勤:勤劳则家兴

曾国藩所谓的"勤"包含了三个方面:读书学习要勤奋、治家要勤劳、治事要勤勉。首先,在读书方面要勤。曾国藩喜好读书,一生勤学不辍,和家人在书信中讨论学习的话题较多。《曾国藩家书》有言:"得不足喜,失不足忧,总以发愤读书为主。史宜日日看,不可间断。……温经须先穷一经。一经通后,再治他经,切不可兼营并骛,一无所得。"① 他在向父母汇报读书近况时说:"近因体气日强,每天发奋用功。早起温经,早饭后读二十三史,下半日阅诗、古文。每日共可看书八十页,皆过笔圈点。若有耽搁,则只看一半。"② 在与四弟和六弟写的信中,他嘱咐他们在读书时要力求专精。他说:"求业之精,别无他法,曰专而已矣。谚曰'艺多不养身'谓不专也。吾掘井多而无泉可饮,不专之咎也。"③ 他劝勉家人勤学,自己更是身体力行。

在曾国藩看来,读书可以修身,修身方能纳福。他的四弟来信

---

① 唐浩明编:《曾国藩家书》(上),岳麓书社,2015 年,第 10 页。
② 《曾国藩家书》(上),第 14 页。
③ 《曾国藩家书》(上),第 32 页。

说要到外面找个好的环境才能发奋读书。可是在曾国藩的眼里,四弟的想法是毫无必要的。他给四弟回信批评道:"且苟能发奋自立,则家塾可读书,即旷野之地、热闹之场亦可读书,负薪牧豕,皆可读书;苟不能发奋自立,则家塾不宜读书,即清净之乡、神仙之境皆不能读书。何必择地?何必择时?但自问立志之真不真耳!"①在曾国藩看来,读书应当成为生活习惯,任何时间、地点都可以读书。

其次,在治家方面要勤。曾国藩在书信中常要求家人保持耕读传家、勤俭持家的传统。

> 半耕半读,未明而起,同习劳苦,不习骄佚,则所以保家门而免劫数者,可以人力主之。②

这是要求本族男子讲求耕读纳福。又言:

> 吾家门第鼎盛,而居家规模礼节总未认真讲求。历观古来世家久长者,男子须讲求耕读二事,妇女须讲求纺绩酒食二事。《斯干》之诗,言帝王居室之事,而女子重在酒食是议。《家人》卦,以二爻为主,重在中馈。《内则》一篇,言酒食者居半。故吾屡教儿妇诸女亲主中馈,后辈视之若不要紧。此后还乡居家,妇女纵不能精于烹调,必须常至厨房,必须讲求作酒作醯醢、小菜、换茶之类。尔等必须留心于莳蔬养鱼。此一家兴旺气象,断不可忽。纺绩虽不能多,亦不可间断。大房唱之,四房和之,家风自厚矣。至嘱至嘱。③

---

① 《曾国藩家书》(上),第34页。
② 《曾国藩家书》(上),第225页。
③ 《曾国藩家书》(上),第433—434页。

这是对本族女眷在纺绩、酒食方面的要求，即从细节上提出纳福的要求。

最后，在治事方面要勤。"曾国藩一生奉行为政以耐烦为第一要义，主张凡事要勤俭廉劳，不可为官自傲。他修身律己，以德求官，礼治为先，以忠谋政，在官场上获得了巨大的成功。"① 曾国藩作为一位传统士大夫，一直以"修身、齐家、治国、平天下"为己任。咸丰四年（1854）十一月初七日致诸弟的信中写道："我现在军中，声名极好。所过之处，百姓爆竹焚香跪迎，送钱米猪羊来犒军者络绎不绝。以祖宗累世之厚德，使我一人食此隆报，享此荣名，寸心兢兢，且愧且慎。现在但愿官阶不再进，虚名不再张，常葆此以无咎，即是持家守身之道。至军事之成败利钝，此关乎国家之福，吾惟力尽人事，不敢存丝毫侥幸之心。"② 勤奋、勤劳、勤勉，是曾国藩个人进步、家庭兴旺、事业发展的根本保证。他在家书中也流露出对百姓疾苦的体察和对时局的担忧。总体上来说，曾国藩算是一位实干家，不说大话、不务虚名，不行架空之事，不谈过高之理。个人的天资不是最重要的，勤能补拙。这也是他半生官运亨通的重要因素。

二、俭：奢靡则家败

曾国藩一生特别强调勤俭节约，在多封家书中都提到过这个观点。曾国藩认为"福不可享尽，有势不可使尽"，凡事要控制一个度。

> 福不多享，故总以俭字为主，少用仆婢，少花银钱，自然惜福；势不多使，则少管闲事，少断是非，无感者亦无怕者，

---

① 郭佳浩：《曾国藩：一勤天下无难事》，《智慧中国》2016年第2期，第40页。
② 《曾国藩家书》（上），第251页。

自然悠久矣。①

他在道光二十九年（1849）四月十六日给弟弟的信中说道："吾细思凡天下官宦之家，多只一代享用便尽。其子孙始而骄佚，继而流荡，终而沟壑，能庆延一二代者鲜矣。商贾之家，勤俭者能延三四代；耕读之家，勤朴者能延五六代；孝友之家，则可以绵延十代八代。我今赖祖宗之积累，少年早达，深恐其以一身享用殆尽，故教诸弟及儿辈，但愿其为耕读孝友之家，不愿其为仕宦之家。诸弟读书不可不多，用功不可不勤，切不可时时为科第仕宦起见。"②

咸丰四年（1854）五月初九日和咸丰八年（1858）十一月二十三日，曾国藩给诸弟的信中写道："我兄弟五人，无一人肯整齐好收拾者，亦不是勤俭人家气象。以后宜收拾完整，可珍之物固应爱惜，即寻常器件亦当汇集品分，有条有理。竹头木屑，皆为有用，则随处皆取携不穷也。"③ 曾国藩一直坚持以俭持家，不允许自己及家人奢靡享乐，他认为这是积累福报，是重要的治家态度。

曾国藩强调节俭，是期望后辈子侄出则成器，居则惜福。"盖儿子若贤，则不靠官宦囊，亦能自觅衣饭；儿子若不肖，则多积一钱，渠将多造一孽，后来淫佚作恶，必且大玷家声。故立定此志，决不肯以做官发财，决不肯留银钱与后人。"④

咸丰六年（1856）九月二十九日，他在给儿子纪鸿的信中写道："凡人多望子孙为大官，余不愿为大官，但愿为读书明理之君子。勤俭自持，习劳习苦，可以处乐，可以处约。此君子也。余服官二十年，不敢稍染官宦习气，饮食起居，尚守寒素家风，极俭也

---

① 《曾国藩家书》（上），第296—297页。
② 《曾国藩家书》（上），第167—168页。
③ 《曾国藩家书》（上），第230页。
④ 《曾国藩家书》（上），第164页。

可，略丰也可，太丰则吾不敢也。凡仕宦之家，由俭入奢易，由奢返俭难。尔年尚幼，切不可贪爱奢华。不可惯习懒惰。无论大家小家、士农工商，勤苦俭约，未有不兴；骄奢倦怠，未有不败。"①他要求弟弟通过列举金日䃅、张安世与霍光家族等正反历史事例，对子侄进行节俭教育，劝诫家人要惜福。

曾国藩不遗余力地向家人嘱咐要恪守勤，时时提醒诸位弟弟要坚持勤，处处告诫夫人要带头勤，不时教育子女要学会勤。他儿子曾纪泽新娶了媳妇，曾国藩也不忘写信给儿子嘱咐其转诫新妇，要入厨做羹，勤于纺织，不宜因其为富贵子女而不事操作。曾国藩的夫人和儿媳们每晚都要织麻纺纱，日常劳作，这与达官贵人豪富之家的生活天差地别。也正是由于曾国藩的严格要求，曾家福运才长盛不衰。

三、谦：谦谨则载福

高调做事、低调做人的谦谨状态可以载福。万事万物都在不断更新迭代，唯有保持一颗谦逊的心，时刻省察自己，用心开悟明理，不断修正心态，善于吸取借鉴，才能不断进步、不断充实、不断提升，使之成为更好的自己。"凡畏人，不敢妄加议论者，谦谨者也；凡好讥评人短者，骄傲者也。"② 他认为："大凡人之自诩智识，多由阅历太少。"③ 这个道理看似简单，但实际能做到的人却不多。骄傲的表现很多，有人恃才而傲，有人恃富而傲，有人恃贵而傲。他嘱咐家人："澄弟理家事之间，须时时看五种遗规。"④ 哪五种呢？即：《养正遗规》《教女遗规》《训俗遗规》《从政遗规》《在官法戒录》。又言：

---

① 《曾国藩家书》（上），第289页。
② 《曾国藩家书》（上），第574页。
③ 《曾国藩家书》（上），第604页。
④ 《曾国藩家书》（上），第130页。

> 凡遇牢骚欲发之时，则反躬自思：吾果有何不足而蓄此不平之气？猛然内省，决然去之。不唯平心谦抑，可以早得科名，亦且养此和气，可以消减病患。①

曾国藩对家人的教诲算得上是耳提面命。

"谦谨"二字多次在曾国藩家书中提及，足见其重视程度。他提醒纪鸿："尔在外以谦谨二字为主，世家子弟，门第过盛，万目所属。"② 同治五年（1866）三月十四日，他给纪鸿、纪泽的信中写道："沿途州县有送迎者，除不受礼物酒席外，尔兄弟遇之，须有一种谦谨气象，勿恃其清介而生傲情也。"③ 又言："凡傲之凌物，不必定以言语加人，有以神气凌之者矣，有以面色凌之者矣。"④ 人立于天地间，唯有谦谨乃是载福之道。"故吾辈在自修处求强则可，在胜人处求强则不可。福益外家若专在胜人处求强，其能强到底与否尚未可知，即使终身强横安稳，亦君子所不屑道也。"⑤ 骄傲自大毁于无知，自满招致停滞不前。

与历史上许多成就一番功业的伟人相比，无论是家世还是天资，曾国藩都没有什么明显的优势。他的为官之路却常常被当作一部成功学的教科书。我们从《曾国藩家书》中，能读懂此人的修身、齐家之道，从中领悟他的"福"文化精髓，让自己的生活更加幸福，内心更加充实。

第十三节 王永彬的"围炉谈福"

清代学者王永彬写了一本书叫作《围炉夜话》，虚拟了一个冬

---

① 《曾国藩家书》（上），第 200 页。
② 《曾国藩家书》（上），第 309 页。
③ 《曾国藩家书》（上），第 415 页。
④ 《曾国藩家书》（上），第 334 页。
⑤ 《曾国藩家书》（上），第 449 页。

日簇拥着火炉与至交好友畅谈文艺的情境。全书以"安身立业"为总话题，分别从道德、修身、读书、安贫乐道、教子、忠孝、勤俭等十个方面揭示了"立德、立功、立言"皆以"立业"为本的深刻含义。《围炉夜话》与明人洪应明写的《菜根谭》、陈继儒写的《小窗幽记》并称"处世三大奇书"。王永彬的"福"文化观念体现在对修身、财富、名利、言语等方面的独特理解，语言亲切、自然、易读。具体说来，他的"福"文化观念主要包括四个方面：其一，慎言免灾，散财积福；其二，不宜之利，福终为祸；其三，语言尖刻，终为薄福；其四，富贵宜廉，衣禄需俭。

一、慎言免灾，散财积福

王永彬首先提出了慎言和散财可以免灾积福的观念。《围炉夜话》曰："人皆欲会说话，苏秦乃因会说而杀身；人皆欲多积财，石崇乃因多积财而丧命。"① 这里面谈到了两个人，一个是苏秦，一个是石崇。其中这位苏秦，是战国时期知名的纵横家，这个人口才极棒，令人羡慕。口才好的确是一种能力的展现，凭借着高超的口才，苏秦成功地游说了六国共同合力抗秦，最终使得秦国十五年没有敢轻举妄动。不过，能言善辩也是把双刃剑，不是得罪人，就是招致他人的嫉妒。后来苏秦被齐大夫所杀，绝世的口才给他招来祸患。

慎言是指我们说话要谨慎。"'慎言'观念有其时代的局限性和'品质瑕疵'，但其中析出的有益成分，如适时适地、适事适人而言语，真诚而不虚夸，自然而不肆意，仍有值得接受的现代价值。在当今言论自由的文明空间里，'慎言'而非'禁言'，并由己及人，使受众能够通过听觉、视觉获得'适宜感'，从而推动创设良性的

---

① 王永彬：《围炉夜话》，中国画报出版社，2013年，第9页。

言语文化生态环境,需要每个公民的身体力行。"① 缄口不言一般人是做不到的,那就唯有小心谨慎而已。这是一种保护自己的安全策略。很多人都会错误地把说话当作衡量学问深浅的量尺,事实上,能说会道不等于口才好。会说话的人,懂得掌握分寸,点到即止,把更多表达的机会让给对方,真正体现了一个人的修养。我们不是圣人,也不可能做到所说的每句话字字珠玑、金口玉言,但我们至少可以向慎言方向努力。有大成就的人,往往慎言,出口之语,不急不缓,不卑不亢,恰到好处,懂得话语留白,谦虚有礼。

"子曰:'可与言而不与之言,失人;不可与言而与之言,失言。知者不失人,亦不失言。'"②(《论语·卫灵公》)坦率真诚,快人快语,言无不尽,这会显出一个人的美好品德。但人心隔肚皮,你的坦诚相告与言无不尽可能被有心计的人利用,给你造成不必要的伤害。所以,防人之心不可无,轻率地把别人当作知心朋友,动辄一吐心肠,更是非常危险的。人际关系是变化无常的,你的肺腑之言,他日可能成为别人手中的把柄。要"三思而后言"。过多的暴露,人家会觉得你肤浅;过分的热情,会让人产生讨好的印象。

克制表现欲,多听,多观察,多思考,少说话。谨言慎行,三思而后行,三思而后言。一个真正有智慧的惜福之人,往往都是慎言慎行的。傻瓜的心在嘴里,聪明人的嘴在心里。有些话说了也等于没说,那就缓缓。有些话说出来伤人害己,那就不说。有些话应该让对方听到,那就斟酌。有些话必须说明白才行,那就推敲。每句话里都藏着我们的见识、智慧、性情和胸怀。深思熟虑后再表达,方可免灾积福。

---

① 马丽娅:《传统"慎言"观的形成、传播及现代意义》,《文化学刊》2021年第11期,第227页。

② 《论语译注》,第184页。

二、不宜之利，福终为祸

功名利禄是很多人都希望得到的，从人性趋福的角度，这本就无可厚非。如果这些名利是由于为了国家和社会做出了贡献而得到的，那就是应得之福。反之，如果是发了不义之财，或是通过欺世盗名的手段得到的名利，那么，福气也终将失去。《围炉夜话》曰：

> 名利之不宜得者竟得之，福终为祸；困穷之最难耐者能耐之，苦定回甘。①

成功还是要脚踏实地去争取，遇到的困境会慢慢化解，苦到一定程度的时候，往往会品尝到成功的甘甜。很多貌似捷径的手段，其实不过是弯路，到最后还是要返回来重新走，反倒浪费了生命。

有人认为，拥有了地位、金钱和名誉等就意味着收获了幸福，还时常把功名利禄作为评判幸福的标准。然而，无论是功名成就的人，还是穷困潦倒的人，他们都无法用名利来定义自己的幸福。庄子在《逍遥游》里讲了一个"尧让天下与许由"的故事。尧被中国古人视为圣人之首，是天下明君贤主的表率。而许由则是一个传说中的高人隐士。尧召见许由，认真地对他说："当太阳和月亮都出现的时候，我们还打着火把，要和日月比光明，这不是不可能吗？天空下了大雨，万物都得到滋育，而我们还挑水去浇灌，我们的行为对禾苗来说不是徒劳吗？"尧继续对许由说："先生，你的出现使我知道，我来治理天下就好像是火炬遇到了阳光，一桶水遇到了天降甘露一样，我是不称职的，所以我请求把天下让给你来管理。"听完尧的谦让之词，许由淡淡地回答道："我看到天下在你的治理下已经非常好了，如果把这样的天下交由我来治理，对我而言难道就图个名吗？名和实相比，实是主，而名是次，难道我就为了这名

---

① 《围炉夜话》，第13页。

而来吗？天下还是交由你吧。我向往的幸福生活是自由自在的，名利不是我衡量幸福的标准。"

《围炉夜话》阐述了不宜之利，福终为祸的道理。拥有得多的人害怕失去，一无所有的人又急于求成。这些都是他们不甘于寂寞的结果，所以他们不知道什么是幸福。人活一世，要淡泊名利，得之不喜，失之不忧，不要过分在意得失，不要过分看重成败，不要过分在乎别人对你的看法。只要自己认为得到了幸福，就是最大的幸福，而这个幸福与名利的关系不是很大。"子曰：'德薄而位尊，知小而谋大，力小而任重，鲜不及矣。'《易》曰：'鼎折足，覆公餗，其形渥，凶。'言不胜其任也。"① 就是我们一般所讲的德不配位，必有灾殃。品行差却又占据了高位，才智低却又强行谋划大局，能力不行又想承担重要的任务，这些都是在自损福报，变福为祸。

三、语言尖刻，终为薄福

《围炉夜话》曰：

> 气性乖张，多是夭亡之子；语言深刻，终为薄福之人。②

此处的"深刻"，指的是刻薄尖酸。人人都有自尊心，特别是在公众场合，对别人滥加指责和贬损，常常会招致怨恨。这样的人福分自然浅薄。这种人遇到困难的时候，别人也不会去伸出援手。如果从心理层面分析，言语尖刻的人往往自视很高，潜意识里又没有自信。为了找到自信，这种人经常表现出对别人不屑一顾，处处吹嘘自己的学识、地位、财富等，以用语言打压别人，借机抬高自己。

尖刻之人或许有一些才气，但并不出色。这些人往往并不认为他们说的话会冒犯或伤害到别人。有时候他们会把刻薄当作个性，

---

① 周振甫译注：《周易译注》，中华书局，1991年，第263页。
② 《围炉夜话》，第46页。

把尖酸包装为自己的道德水准高,因而缺乏反省和改变的自觉。在社会交往中,这种人常常会遭受意料之外的挫折,因为他们会无意中伤害他人,被报复和打击,自然就与福无缘。

纵观社会,平时说话像开机关枪一样,性子急,缺乏耐心,办事总是急匆匆的人,暂且不说有没有礼貌,就福气而言,多半是福薄之人,一生难求富贵。相学上有这么句话:鼠相无福无财。就是说像老鼠一样,总是行色匆匆,东张西望,坐也坐不住,总是心神不宁的人,这种人注定一生奔波劳累,一无所成。许多时候,人的行为举止很容易受到外界影响,情绪也会因环境起伏波动。但是保持平稳的心态,人才有渡己渡人的能耐,才能拥有福气。

福薄者,语多性躁。福厚者,语迟性缓。俗话说,福厚之人,语迟性缓。曾国藩曾说过,在大庭广众下抢着说话,喋喋不休,语速又快的人,多半是普通人;而那些坐在角落静静地听,偶尔插一两句,却画龙点睛切中要害的人,都是厉害的角色。现实生活中,那些大富大贵之人,说话都是慢条斯理,语速较慢,言简意赅,正所谓"水深则流缓,人贵则语迟"。一个宽大厚道的人,在德行上能养深积厚;在人际关系上能广结善缘;在事业上更能得道多助、左右逢源。他们胸襟宽大,待人厚道,对谁都谦恭有礼。而做人宽厚,宽则得人,厚可载物,能成大事。

四、富贵宜廉,衣禄需俭

勤劳俭朴是一个家庭的美德,也是汇聚财富的办法。一个人如果年轻时得过且过,把身上的钱全部花光了,也没有准备养老的物质基础,等老了之后居无定所,越活越苦。《围炉夜话》曰:

> 富贵易生祸端,必忠厚谦恭,才无大患;衣禄原有定数,必节俭简省,乃可久延。[1]

---

[1] 《围炉夜话》,第 87 页。

王永彬认为，福禄衣食都有一定的限度，过度消耗无疑会减损福气。只有保持节约和简朴，才能让福气延续得持久。一个家庭长久的福气，是从勤劳、节俭两处积累得来的。勤能开源、俭可节流，福报就从中滋养，进而使整个家庭长享富贵安乐。《围炉夜话》又言："日用必须简省，杜奢端，即以昭俭德。"[1] 就是说平时的花销要保持节俭状态，杜绝养成奢侈浪费的恶习。否则轻则自损福气，重则亡身亡国。

福气生于勤俭。现代社会，很多人追求奢侈品，追求高消费，大吃大喝大玩大乐，沉于欲，趋向了贪。温良恭俭让、躬行节俭、省吃俭用、勤俭持家、勤工俭学，这些都是中华民族的好传统。人的衣食用度都有一定的限度，不必过于奢侈。力行俭朴节省，是陶冶自己情操的根本。而奢侈放纵，是败坏德行的根源。譬如夏桀耗费了整个国家的财富还不够用，而商汤用七十里地的财富却有剩余，差别在于节俭与浪费，而他们一个亡国，一个兴邦，其中福祸也缘于此。

第十四节　张潮的"幽梦"谈福

张潮，字山来，号心斋居士，安徽歙县人。他是清代的文学家、小说家。他的著作《幽梦影》采用简洁的格言、警句、语录形式，以宽阔的心胸、眼光探求世间美好的事物，是张潮生活情趣的流露，表现出作者的哲理思考和至情至性的生活状态。《幽梦影》里面的许多句子值得拎出来反复品味。张潮对"福"有着独到的见解，这与他自身的生活经历相关。他本人与仕途缘浅，遂广交文友，终日以写作、刻书为业，成为清初徽州府著名的坊刻家之一。他将平时生活中的心得写出来与友人们分享，最后集结成册。阅读其文字，能感受他对"福"的真知灼见。

---

[1] 《围炉夜话》，第107页。

张潮提出了"全人"与"全福"的观念。他说:"十岁为神童,二十三十为才子,四十五十为名臣,六十为神仙,可谓全人矣。"① 所谓"全人"也可以理解为"完人"。我们经常说"人无完人",但是,张潮偏偏就定义了理想中"完人"的标准。一个人如果十岁时成为聪明伶俐的神童,二三十岁时成为风流潇洒的才子,四五十岁成为公正德高的重臣,六十岁时过着逍遥自在的神仙生活,那可称得上十全十美的人了。此外,《幽梦影》又言:

    值太平世,生湖山郡,官长廉静,家道优裕,娶妇贤淑,生子聪慧。人生如此,可云全福。②

张潮提到了"全福"的六大要素,古代知识分子的人生理想大抵如此。张潮的"福"文化观体现在他的"五福"论中,其中又以读书之福和有闲即为福为重点。

一、"五福"论之读书之福

《幽梦影》有言:

    有工夫读书谓之福,有力量济人谓之福,有学问著述谓之福,无是非到耳谓之福,有多闻、直谅之友谓之福。③

张潮明确提出"五福"论,即:有时间和精力读书、有能力救济他人、有著书立说的学问、耳朵里听不到是是非非、有见多识广并且诚实正直的朋友,这五个方面都是一个人有"福"的表现。张潮对人进行了善恶的区分。"何谓善人?无损于世者,则谓之善人。

---

① 张潮:《幽梦影》,吴言生译注,上海古籍出版社,2016年,第62页。
② 《幽梦影》,第56页。
③ 《幽梦影》,第76页。

何谓恶人？有害于世者，则谓之恶人。"① 一个人所做的事情对他人没有损害，这样的人就是善人，反之就是恶人。在此基础上，他在行善、救济他人方面进一步指出："凡事不宜痴，若行善则不可不痴。"② 行善济人应当不求回报，全心付出而不邀名利。

需要特别注意的是，张潮对著书立说颇为重视，喜欢以"福"的角度看待那些具有这方面才能的人。"著得一部新书，便是千秋大业；注得一部古书，允为万世弘功。"③ 能写一部有价值的新书就成就了千秋大业；能注释一部有内涵的古书，就称得上是万世功勋，可谓大福之人。"幽梦"五福论之中，张潮特别在意的是读书之福，在全书中提及11次。"启功先生曾撰联：'读书身健方为福，种树花开总是缘。'"④ 读书增加我们的人生经验，让我们看清眼前这个社会，看懂很多人的人生。读书因此也拓宽了我们的人生道路。

首先，张潮肯定了读书的重要性。他说："凡事不宜刻，苦读书则不可不刻；凡事不宜贪，若买书则不可不贪。"⑤ 对于读书这件事，要严格要求，遍寻名著。这本身就应当是一个快乐的过程。

张潮认为："昔人欲以十年读书，十年游山，十年检藏。予谓检藏尽可不必十年，只二三载足矣。若读书与游山，虽或相倍蓰，恐亦不足以偿所愿也。必也如黄九烟前辈之所云'人生必三百岁'，而后可乎。"⑥ 可见，读书是一个需要终生一以贯之的事情。"藏书不难，能看为难；看书不难，能读为难；读书不难，能用为难；能用不难，能记为难。"⑦ 这种读书之福看着简单，践行起来却并非易事。

---

① 《幽梦影》，第75页。

② 《幽梦影》，第90页。

③ 《幽梦影》，第62页。

④ 艾雨青：《"读书身健方为福"——情绪疗愈绘本解题书目及其对学校图书馆开展阅读疗法的启示》，《大学图书馆学报》2021年第4期，第87页。

⑤ 《幽梦影》，第90页。

⑥ 《幽梦影》，第126页。

⑦ 《幽梦影》，第75页。

要先阅读，再领会，之后用之于实践，最后要终生铭记。

其次，张潮言明了读书的时机。"读经宜冬，其神专心；读史宜夏，其时久也；读诸子宜秋，其致别也；读诸集宜春，其机畅也。"① 这种说法很有趣，冬天地冻天寒，大地一片静默，此时神智专一，适合研读经书。夏天白昼漫长，读史书最合适不过。秋天情致高远，适合读诸子。春天万物复苏，生机舒畅，适合读文集。"先读经，后读史，则论事不谬于圣贤；既读史，复读经，则观书不徒为章句。"② 他主张先读经书，再读史书。先读经，就会掌握圣贤的准则。读完史书后，要再回头读经书。这样阅读书籍所收获的就不仅仅局限于词句文法。

他又进一步说道："经传宜独坐读，史鉴宜与友共读。"③ 独处的时候，适宜静静地研读经书以及解释经书的相关著作；与朋友在一起的时候，则适宜读史书或者是品评历史的著作。"读书最乐。若读史书，则喜少怒多，究之怒处亦乐处也。"④ 读史书的过程中喜少怒多，心里往往有沉甸甸的感觉，再细细探究，就会发现让自己愤慨的原因，其实这也是读史使人快乐的地方。

再次，张潮扩展了阅读之福的范畴。"文章是案头之山水，山水是地上之文章。"⑤ 古代文人热衷于漫游名山大川，凭吊历史遗迹，徜徉在山水之间，陶醉于田园风光之中，寻找精神的慰藉和心灵的寄托。西汉史学家司马迁为了"网罗天下放失旧闻"，弥补读书学习的不足，到名山大川、历史胜地去实际考察，获取第一手历史资料，《史记》就是司马迁在壮游后完成的。"善读书者无之而非书：山水亦书也，棋酒亦书也，花月亦书也；善游山水者，无之而

---

① 《幽梦影》，第11页。

② 《幽梦影》，第143页。

③ 《幽梦影》，第11页。

④ 《幽梦影》，第79页。

⑤ 《幽梦影》，第78页。

非山水；书史亦山水也，诗酒亦山水也，花月亦山水也。"① 在张潮眼中，一个善于读书的人，可以将山水、棋酒、花月皆视为书。

张潮甚至将读书与好友进行对比，他说："对渊博友，如读异书；对风雅友，如读名人诗文；对谨饬友，如读圣贤经传；对滑稽友，如阅传奇小说。"② 和不同类型的朋友相处，就像是分别在读奇书、诗文、经传和小说。《幽梦影》又言："不独颂其诗，读其书，是尚友古人，即观其字画，亦是尚友古人处。"③ 与古人心心相印的方法有很多，可以吟诵古人的诗句、著作，或者观摩古人的字画，都能够与古人成为精神层面上的朋友，从而获得精神层面的幸福感。

二、人莫乐于闲

闲是一种福气。德国的哲学家约瑟夫·皮珀在1947年出版了一本书《闲暇：文化的基础》。在书中，作者指出："我们唯有能够处于真正的闲暇状态，通往'自由的大门'才会为我们敞开，我们也才能够脱离'隐藏的焦虑'之束缚。"④《幽梦影》中写道："富贵而老悴，不若安闲之贫贱。"⑤ 又言："清闲可以当寿考。"⑥ 在张潮看来，一个人与其富贵而操劳，倒不如无忧无虑安闲地过着普通的日子。

一个人是选择平淡从容的清闲生活，还是选择戴着精致的面具、穿着坚硬的盔甲叱咤风云，是由自己来决定的。张潮则主张：

---

① 《幽梦影》，第109页。
② 《幽梦影》，第22页。
③ 《幽梦影》，第92页。
④ 转引自谭山山：《有一种人，叫闲学家》，《新周刊》2019年第13期，第14页。
⑤ 《幽梦影》，第49页。
⑥ 《幽梦影》，第92页。

> 人莫乐于闲，非无所事事之谓也。闲则能读书，闲则能游名胜，闲则能交益友，闲则能饮酒，闲则能著书。天下之乐，孰大于是。①

他认为人清闲一点是福气。梁实秋也曾表示：人在有闲的时候，才最像是一个人。"古代士人优游沉浸于闲暇，从中体验生命的意义，是以人生境界为归趋，起兴于致用，整全于修德、审美、自在发展的士人的生命自觉。这一四重境界的生成过程中，个体生命的自主性得以生成，个体人格得以完善，士人的生命自由、充分地舒展，趋于丰盈和饱满。"② 人类的最高理想应该是人人能有闲暇，于必需的工作之余还能有闲去做人，有闲暇去做人的工作，去享受生活。

舍弃了世俗之人整天奔走钻营的负累，才能够有时间和精力充分欣赏常人感受不到的生活情趣。正所谓："能闲世人之所忙者，方能忙世人之所闲。"③ 人莫乐于闲，人活在世界上，需要谋生，需要谋求物质基础。忙归忙，人作为独立个体，并不是任何人的附庸。若为了世俗定义的幸福生活，一味忙碌与追逐，而忘却了内心的感受，这就有违生活的初衷。因此，在繁忙且枯燥的功利追求之外，也需要闲暇愉乐自我调节，找到生活精神世界的寄寓所，这才是真正的有福。

第十五节　林语堂的"达观为福"

林语堂，现代著名作家、语言学家、翻译家，福建龙溪（今漳

---

① 《幽梦影》，第77页。

② 刘宇文：《生命的自我完善：士人闲暇教育意蕴及当代观照》，《中国人民大学教育学刊》2023年第1期，第155页。

③ 《幽梦影》，第143页。

州）人，原名和乐，后改名为玉堂，又改为语堂。先后在清华大学、北京大学任教，擅长写闲适风格的小品文，著有《京华烟云》《风声鹤唳》等小说。林语堂认为：

> 中国文化的最高理想始终是一个对人生有一种建筑在明慧的悟性上的达观的人。这种达观产生了宽怀，使人能够带着宽容的嘲讽度其一生，逃开功名利禄的诱惑，而且终于使他接受命运给他的一切东西。这种达观也使他产生了自由的意识，放浪的爱好，与他的傲骨和淡漠的态度。一个人只具有着这种自由的意识和淡漠的态度，结果才能深切地热烈地享受人生的乐趣。①

他的"福"文化观念就主要体现在"达观"二字。

所谓"达观"就是"心胸开朗，见解通达"②。林语堂终其一生对幽默寻绎，他试图从中国传统文化中找到让人生幸福的奥秘，并在实际的生活中加以实践。他善于发现快乐，崇尚悠闲，懂得享受生活并视其为艺术。他的"福"文化观念主要见于《人生不过如此》《生活的艺术》《人生当如是》《我这一生——林语堂口述自传》《给思想一个高度》《我站在自由这一边》《吾国与吾民》等书。

一、寻绎幽默，发现快乐

"我想'幽默'一词指的是亦庄亦谐，其存心则在于'悲天悯人'。"③ 林语堂把幽默放在了很重要的位置。他说："无论哪一国

---

① 林语堂：《人生不过如此》，陕西师范大学出版社，2007年，第7页。
② 《达观》，汉典，https://www.zdic.net/hans/%E8%BE%BE%E8%A7%82，2022年8月9日查阅。
③ 林语堂：《我这一生——林语堂口述自传》，万卷出版公司，2013年，第76页。

的文化、生活、文学、思想，是用得着近情的幽默的滋润的。没有幽默滋润的国民，其文化必日趋虚伪，生活必日趋欺诈，思想必日趋迂腐，文学必日趋干枯，而人的心灵必日趋顽固。其结果必有天下相率而为伪的生活与文章，也必多表面上激昂慷慨，内心上老朽霉腐，五分热诚，半世麻木，喜怒无常，多愁善病，神经过敏，歇斯底里，夸大狂，犹豫狂等心理变态。"① 可见，他所谓的幽默不仅是一种语言艺术和文章风格，更是一种人生观，拥有了这样的人生观，就很容易体会到生活中的乐趣，对福的感受也会更加敏感。

"人类的一切快乐都属于感觉的快乐。"② 林语堂留下的诸多照片，都是一副笑眯眯的样子。他认为快乐的范畴很广。"这个世界中，快乐往往须从反面看出来，无忧愁、不受欺凌、无病无痛便是快乐。但也可成为正面感觉，那就是我们所说的欢乐，我所认为真快乐的时候，例如在睡过一夜之后，清晨起身，吸着新鲜空气，肺部觉得十分宽畅，做了一会儿深呼吸，胸部的肌肤便有一种舒服的动作感觉，感觉有新的活力而适宜于工作……"③ 在林语堂看来，幸福无处不在，只需要一双善于发现的眼睛，用心去体会。

二、崇尚悠闲，享受生活

林语堂将生活视为艺术，他在《生活的艺术》一书中提到了悠闲的重要性。这本书集中体现了他的创作观念和人生哲学。这本书所写的是中国人的生活艺术，也就是如何享受人生的问题。书中谈及中国人如何观山玩水、品茶、行酒令、听雨赏雪、养花养鸟等，多是生活中的小情趣，而正是这些让生活变得艺术化。他说："中国人爱悠闲，有着很多交织着的原因。中国人的性情，是经过了文学熏陶和哲学的认可的。这种爱悠闲的性情是由于酷爱人生而产生的，

---

① 林语堂：《我站在自由这一边》，万卷出版公司，2013年，第205页。
② 林语堂：《生活的艺术》，群言出版社，2009年，第88页。
③ 《我这一生——林语堂口述自传》，第291页。

并受了离开带浪漫文学潜流的激荡，最后又由一种人生哲学——大体上可称之为道家哲学——承认它为合理近情的态度。"① 他是一个有着生活品位的人，懂得从细节处感受心灵的欢乐。他说：

> 人生之享受包括许多东西：我们自己的享受，家庭生活的享受，树、花、云、弯曲的河流、瀑布和大自然形形色色的享受，此外又有诗歌、艺术、沉思、友情、谈话、读书的享受，后者这些享受都是心灵交通的不同表现。有些享受是显而易见的，如食物的享受，欢乐的社交会或家庭团聚，天气晴朗的春日的野游；有些享受是较不明显的，如诗歌、艺术和沉思的享受。②

这是一种轻逸、愉快的"福"文化观念，能够在生活的细枝末节处找到快乐，是一种智慧。

在林语堂眼中，想得到幸福，丰厚的物质基础不是必要条件，因为"福"是个人心境的感受。他认为：

> 没有金钱也能享受悠闲的生活。有钱的人不一定能真正领略有限生活的乐趣，那些轻视钱财的人才真懂得此中的乐趣。他须有丰富的心灵，有俭朴生活的爱好，对于生财之道不大在心。这样的人，才有资格享受生活。如果一个人真的要享受人生，人生是尽够他享受的。③

在他看来，生活的享受只是一种态度，关键在于懂得如何享受，而不是物质的丰俭。比如林语堂爱吃，但爱的不是山珍海味的酒席，

---

① 《生活的艺术》，第105页。
② 《人生不过如此》，第27页。
③ 《人生不过如此》，第211页。

而是街角边的小馆子，就着鸭掌、花生米、炒腰花，与三五好友小斟小饮，海阔天空地闲聊，这便是生活之享受了。

　　林语堂在人们心目中的形象是通达人生、幽默乐天的智者，正如他最喜爱的中国文人苏东坡一样。他为苏东坡写《苏东坡传》，认为东坡是将佛教的否定人生、儒家的正视人生、道家的简化人生相融合而诞生的快活天才。这之中其实就有林语堂自己的心灵寄托。林语堂对于生活有许多独到的见解，不管你是否同意他的看法，都不得不承认他确实是一位"生活家"。如此达观的人，又怎么说不是一个福气满满的人呢？而他的文字就像是生活指南，让读者重新找到生活的意义，体会"福"的无处不在，这对于当下的中国人也同样适用。

第三章 百年赤帜：人民有党福齐天

百年大党，人民之福。新中国成立之初，一穷二白，百废待兴。在极为艰苦的环境中，我们党始终保持清醒的头脑，担负起领导全国各族人民建设新国家、新社会、新生活的重任。从学习苏联到"以苏为鉴"，开始探索中国自己的社会主义建设道路。1956年，我国社会主义改造完成，确立起社会主义基本制度，并开始大规模社会主义建设，取得巨大成就。从1921年到2021年，中国共产党历经100年的艰苦探索。回顾党的历史，艰难困苦，玉汝于成。我们从站起来、富起来，再到今天，终于踏上强起来的新征程。正所谓"数风流人物，还看今朝"，先辈们在战争年代、困难时期艰苦奋斗传承下来的革命精神，始终激励着一代又一代接班人奋力前行。

百年前，风雨如磐的中国大地，亟须一座指路的灯塔。从上海的兴业路，到嘉兴南湖的红船，中国共产党应运而生。从成立之日起，中国共产党就把为人民谋幸福作为自己不变的宗旨。中国共产党高举民族独立、人民解放的大旗，历经28年浴血奋斗，终于带领中国人民挣脱奴役枷锁，开辟了创造幸福生活的社会主义新道路。这是一场长时间的接力跑，每一代中国人都需要承担社会发展的责任，为下一代人民创造更好的生活条件与生活环境。从改革开放到现在新时代社会主义的建设都是举步艰难的，每一份成就都离不开中华民族艰苦的奋斗与拼搏，不论面对怎样的挑战和风险，我们都始终坚守信念，不畏困难，推动中华民族新时代的建设。回顾党的历史，充满斗志，充满奉献精神，充满时代的新希望。

能带领一个国家在百年中发生如此翻天覆地的变化，创造如此人间奇迹的，非中国共产党莫属。中国共产党有不变的理念与信仰，一直坚持引领时代标杆，与时俱进，带领人民走向更加美好的未来。新时代背景下的中国特色社会主义思想，强调为人民谋幸福。只有立足于人民本身，才能够立足于发展的根本。党的发展一直是在人民群众的共同推动之下实现的。在现如今的和平年代，更需要发挥人民群众的力量来推动国家社会的前进。中国共产党正是因为始终坚持为人民谋幸福，为民族谋复兴，才能够夯实人民基础，党也在人民群众的推动之下真正实现了新中国新时代的复兴。为中国人民谋幸福，为中华民族谋复兴，是中国共产党的初心和使命。争取民族独立、人民解放和实现国家富强、人民幸福，是中国共产党百年历史的主题和主线。具体说来，党在不同阶段的"福"文化观念主要可以概括为："服务于民""共同富裕"和"造福之论"。

第一节　"服务于民"

中国共产党一切从人民的利益出发，不谋私利，追求人民的福祉。1953年，毛泽东同志就表示："共产党从接管国民党政权的第一天起，就把眼睛盯住生产建设，不遗余力地抓好这一中心工作。要让历史证明，我们不仅能够领导好革命战争，而且也一定能够领导好和平时期的经济建设，让全国人民过上好日子。"[①]

为中国人民谋幸福，求解创造美好生活的时代课题，要不断提高"为民服务"的针对性，促进人的全面发展；发扬实事求是的工作作风，站在人民的角度想问题、作决策、办事情，不断增强人民

---

① 刘宝东：《百年大党是怎样炼成的》，人民出版社，2021年，第53页．

群众的获得感、幸福感、安全感。毛泽东同志认为:"全心全意为人民服务,是我们党区别于其他一切政党的根本标志,要求我们坚持人民至上、把人民放在心中最高位置,贯彻群众路线、始终保持同人民群众的血肉联系,永远把人民对美好生活的向往作为奋斗目标。新时代新征程,面对艰巨繁重的改革发展稳定任务、严峻复杂的风险挑战,我们要进一步增强宗旨意识,始终坚持全心全意为人民服务的根本宗旨。"① 从"福"文化角度看,毛泽东同志所倡导的"服务于民"的观念就是要求全体党员干部时刻提醒自己,党员没有私利可图:我党的谋福宗旨是一切从人民利益出发;谋福定位是毫不利己,专门利人;谋福觉悟是排除万难,争取胜利。

含德之厚,比于赤子。自诞生之日起,我们党就把"人民"镌刻在自己的旗帜上。对共产党人而言,"人民"二字始终重于千金。可以说,我们党的百年历史,就是一部践行党的初心使命的历史,就是一部党与人民心连心、同呼吸、共命运的历史。

在马克思主义诞生以前,一切社会变革都是少数人的或者为少数人谋利益的。1848年,马克思、恩格斯发表《共产党宣言》,以无比巨大的理论威慑、战斗激情、思想锋芒、创新魅力,发出了"全世界无产者,联合起来"的呼声。马克思、恩格斯指出:"无产阶级的运动是绝大多数人的,为绝大多数人谋利益的独立的运动。"② 共产党人开始着眼于改变劳动人民的现状,为人民的未来生活谋福。1917年,列宁进一步提出"全世界无产者和被压迫民族联合起来"的口号,领导了十月革命,使社会主义从理想变为现实。"十月革命一声炮响,给我们送来了马克思列宁主义。"毛泽东

---

① 曹普:《坚持全心全意为人民服务的根本宗旨》,中国新闻网,2022年08月10日,https://www.chinanews.com.cn/gn/2022/08-10/9824096.shtml,2022年8月27日查阅。

② 中共中央马克思恩格斯列宁斯大林著作编译局编译:《马克思恩格斯文集》第2卷,人民出版社,2009年,第42页。

根据马克思主义的基本原理,结合中国实际,概括出了"为人民服务"的观念。对中国共产党人而言,"为人民服务"是一种为民生福祉奋斗终身的"福"文化观念,闪耀着马克思主义思想的光辉,是对马克思主义的坚持与发展、继承与升华。

一、谋福宗旨:一切从人民利益出发

1944年9月8日,毛泽东同志在八路军战士张思德同志的追悼会上发表了一篇题为《为人民服务》的演讲,这篇文章在1953年被收入人民出版社出版的《毛泽东选集·第三卷》。张思德同志是中共中央警备团的一名战士,1933年参加红军,经历过长征,1944年9月5日在陕北安塞县山里执行任务,由于炭窑崩塌而牺牲。张思德是一位踏踏实实为人民服务的好党员。毛泽东说:"我们的共产党和共产党所领导的八路军、新四军,是革命的队伍。我们这个队伍完全是为着解放人民的,是彻底地为人民的利益工作的。"[1] 毛泽东同志高度评价了张思德同志,认为张思德是为人民利益而死的,他的死比泰山还重。"人总是要死的,但死的意义有不同。……为人民利益而死,就比泰山还重;替法西斯卖力,替剥削人民和压迫人民的人去死,就比鸿毛还轻。"[2] 这是毛泽东同志基于张思德的事迹对"为人民服务"的观念所做出的阐述。

1960年,雷锋成为全民学习的模范。此后,雷锋这个响亮的名字成为好几代中国人共同的记忆。在那个百废待兴的年代,这个平凡、乐观、向上的青年,用自己朴素的作为,散发出不一样的光芒。在雷锋的眼里,革命事业就是一架庞大的机器,而他作为一颗螺丝钉,自觉地融入党和人民的事业中,忠于职守,兢兢业业。

雷锋精神的实质与核心是全心全意为人民服务,为了人民的事

---

[1] 康沛竹、吴波:《〈纪念白求恩〉〈为人民服务〉〈愚公移山〉研读》,研究出版社,2021年,第222页。

[2] 《〈纪念白求恩〉〈为人民服务〉〈愚公移山〉研读》,第222页。

业无私奉献，它已经成为我们这个时代精神文明的同义词、先进文化的表征。2018年9月，习近平总书记在雷锋的故乡抚顺考察时曾说过："我们要见贤思齐，把雷锋精神代代传承下去，在自己的岗位上做一颗永不生锈的螺丝钉。"改革开放以来，许许多多的青年来到一线，下到基层，用实际行动诠释"螺丝钉精神"。雷锋精神，是为共产主义而奋斗的精神；是忠于党和人民，舍己为公、大公无私的精神；是立足本职，在平凡工作中创造不凡业绩的精神；是苦干实干、不计报酬，争做贡献的精神；归根结底就是全心全意为人民服务的精神。

毛泽东同志强调："全心全意为人民服务，一刻也不脱离群众；一切从人民的利益出发，而不是从个人或小集团的利益出发；向人民负责和向党的领导机关负责的一致性；这些就是我们的出发点。"① 中国共产党党员们永远心系群众，一心为民谋福。这种"福"文化观念延续至今。"今天的党员、干部，肩负民族复兴、推进伟大事业的时代重任，承担让人民共同富裕、全面幸福起来的时代责任，更有让革命事业薪火相传、红色血脉赓续绵延的庄严使命，要摒弃一切小我私欲的束缚，以心底无私，拓天宽地阔。"② 福建霞浦县松山街道古县村党支部书记孙丽美，十七年如一日扎根农村，始终奋战在脱贫攻坚、乡村振兴一线。2021年8月6日，台风"卢碧"来势汹汹。古县村金沙溪上，一座水泥桥涵洞被杂物堵塞，水位快速上涨，渐渐淹没农田。村党支部书记孙丽美叫上三位同事，匆匆赶到桥边。一踏上水泥墩，他们就俯身清理涵洞中的淤积物。排险过程中，孙丽美不幸被洪水冲走，因公殉职。2021年8月17日，福建省委追授孙丽美同志"全省优秀共产党员"称

---

① 毛泽东：《毛泽东选集》第三卷，人民出版社，1991年，第1094—1095页。

② 孙春鹏：《毛泽东〈为人民服务〉的主旨意蕴及现实启示》，《牡丹江师范学院学报》2022年第4期，第34—35页。

号。在孙美丽同志生前的办公桌上，摆满了疫情防控、"三农"政策、项目征地确认表等材料。出事前，她还在忙着村内房屋安全隐患排查、公路工程项目征地、疫苗接种动员等各项工作，任务繁重琐碎，她却耐心又投入。孙丽美同志的先进事迹，充分彰显了共产党员服务于民的使命担当。

从1944年毛泽东提出"为人民服务"，到党的十八大后习近平总书记提出以人民为中心的发展思想，中国共产党人始终把人民放在最高的位置，始终全心全意为人民服务，始终为人民利益和幸福而奋斗。习近平同志当年任宁德地委书记时，为了解决宁德地区不断涌现的新问题，改善宁德全省信访量第一的局面，特意牵头制定了《领导干部下基层巡回接待群众来访制度》，要求地委委员和副专员带领地直有关部门的负责人一起和当地党政干部接待信访群众，设立"书记约访日""专员接待日"，积极面对，处理问题。其后的每个月20日，地县乡三级领导接待来访群众，被群众称为"连心节"。这个制度一经推出，效果显著。"1990年3月统计数据显示，一年来，参加地区到县乡接访的厅处级干部达278人次，接待来访群众2339人；受理各类问题1601件，当场拍板解决584件，占36.5%；地县立案办理1017件，办结934件，办结率达91.8%。"[①] 察百姓疾苦，一切从人民利益出发，是共产党人的谋福宗旨。

正如习近平同志在1990年4月写的一篇文章中所说："我们提倡各级领导带任务、带问题深入基层，解剖麻雀。通过深入基层，提高领导机关的办事效率，有利于把问题解决在源头，把矛盾消弭在萌发状态；同时，要积极做好群众的宣传、发动和思想教育工作，改进各级领导的工作作风，使党的方针、政策真正落到实

---

① 本书编写组：《闽山闽水物华新：习近平福建足迹》（上），福建人民出版社、人民出版社，2022年，第115页。

处。"① 每一名党员做任何工作要以人民的利益为唯一出发点，全过程就是一个解决人民群众所忧所思所盼的过程，要以人民群众满不满意、人民群众认可不认可为衡量工作成绩好坏的唯一标准。"党员干部要始终不忘初心、牢记使命，站稳人民立场，坚持根本宗旨，坚定一切为人民的价值追求，矢志为人民奋斗；党员干部要时刻把人民放在心头，不断厚植人民情怀，修炼坚强党性，树立主动态度，追求高尚境界；党员干部要发扬革命精神，提高斗争本领，增强工作能力，把握策略艺术，突出实干、实践、实效工作导向，勇于创新实践，狠抓贯彻落实，完全彻底地为人民服务，一定会带领人民实现伟大梦想。"② 只有满足人民群众所需，提高人民群众幸福感，才是我们党员工作的根本。只有一颗为民谋福的心，那才是我党百年的传承，才是实现下一个百年奋斗目标的根本。

二、谋福定位：毫不利己，专门利人

得人心者得天下，失人心者失天下。中国共产党为了让人民过上好日子，无论面临多大挑战和压力，无论付出多大牺牲和代价，"毫不利己，专门利人"这一点都始终不渝、毫不动摇。红军长征时期，三名女红军借宿湖南汝城县沙洲村徐解秀老人家中，临走时，把自己仅有的一床被子剪下一半留给了老人。什么是共产党人？共产党人就是自己只有一条被子，也要剪下半条给老百姓的人，质朴地道出了我们党的初心和本色。

"毫不利己，专门利人"的谋福定位是 1939 年 12 月 21 日毛泽东在《纪念白求恩》一文中提出的。诺尔曼·白求恩（1890—1939）是加拿大共产党党员，著名医生，国际共产主义战士。1937年受加拿大共产党和美国共产党的派遣，率加美医疗队来到中国帮

---

① 《闽山闽水物华新：习近平福建足迹》（上），第 115 页。

② 孙春鹏：《毛泽东〈为人民服务〉的主旨意蕴及现实启示》，《牡丹江师范学院学报》2022 年第 4 期，第 35—6 页。

助抗战。他于1938年3月到达延安，不久前往晋察冀边区工作。他热忱的态度、高度的责任心和忘我的工作精神，受到八路军士兵的称赞。1939年11月12日，他不幸因病毒感染牺牲。作为一名共产党员，他不远万里支援中国抗战，年近半百却一直活跃在最苦最累的战争前线。艰苦卓绝的日子里，他不顾个人安危，全力救治每一位伤员。毛泽东同志高度赞扬白求恩伟大的国际主义和共产主义精神，毫不利己专门利人、对工作极端负责任和对技术精益求精的精神；称他是一个高尚的人，一个纯粹的人，一个有道德的人，一个脱离了低级趣味的人，一个有益于人民的人，并号召全国人民向他学习。

毛泽东同志当年十分关心白求恩医生，他曾多次在电报中指示一定要照顾好他的工作和生活。而白求恩同志在复电中说："我自己不需要钱，因为衣食等一切均已供给。该款若系由加拿大或美国汇给我私人的，请留作烟草费，专供伤员购买烟叶及纸烟之用……"毛主席对白求恩的评价很高，"毫不利己，专门利人"不仅仅是白求恩同志最真实的写照，也是每一个共产党员的谋福定位。党之所以能克服一切险阻，不断披荆斩棘，正是因为拥有无数白求恩同志这样的人。他们对工作极其负责，对人民满怀热忱，这些优良品格早已蔚然成风。

党员干部的"毫不利己"，至少包括两个方面：一、秉公用权，不为己谋私利；二、坚持原则，不为人"打招呼"。这两个方面，毛泽东同志都为我们树立了典范。新中国成立后，来自湖南的家乡父老来信寻求帮助，凡是要来北京的，毛泽东同志一律谢绝，凡是要求找工作的，他一律做到"四不主义"：不介绍、不推荐、不说话、不写信。他的做法，展现了共产党人的大公无私、光明磊落。同时，他的自律、不讲私情，为党员领导干部自觉抵制特殊化作出了表率，值得我们学习，并发扬光大。

对人情的态度，考验党性。中国是个人情社会，崇尚礼尚往来，但一些地方还"关系盛行"，办大事小事都要找人打招呼，充斥着托人情、找关系的歪风。有的党员干部原则性不强，不仅不带头抵制关系，还常常利用手中权力，千方百计为熟人办事牟利，破坏了社会风气，导致群众怨声载道。个别党员干部以权压法，在资源分配、扶贫救济等方面搞暗箱操作，甚至与民夺利，造成不公平的现象，等等。

党员干部是人民公仆，要对党忠诚、对人民负责，全心全意为人民服务，而不是为少数人服务，更不能假公济私，谋取私利。假如一名干部以权谋私，做的是"一人得道，鸡犬升天"的勾当，那他其实早已忘了宗旨、忘了誓言、忘了职责，已经"变质"。对这样的干部，要动用组织和纪律手段，坚决"拿下"，以纯洁党的组织，给人民群众一个满意交代。

谁都有三亲六故和亲朋好友。党员干部也是普通人，也要面对人情世故。应该做到党章党纪牢记心中，自觉把党和人民利益摆在首位，正确处理"公与私""权与法"的关系，自觉做到"四不主义"，讲原则，讲规矩，带头抵制歪风邪气，始终保持"毫不利己"的操守，不谋私、不为己，一心为公、大公无私，这才是执政党的应有之义，也是人民之福。

三、谋福觉悟：排除万难，争取胜利

1945年6月11日，中国共产党第七次全国代表大会闭幕式上，毛泽东致闭幕词。他指出，"我们开了一个很好的大会，是胜利的大会，团结的大会。我们做了三件事：第一，决定了党的路线……第二，通过了新的党章；第三，选举了党的领导机关中央委员会。今后的任务就是领导全党实现党的路线。……我们宣传大会的路线，就是要使全党和全国人民建立起一个信心，即革命一定要胜利。首先要使先锋队觉悟，下定决心，不怕牺牲，排除万难，去争取胜利"。

毛泽东同志以"愚公移山"的寓言鼓励全党坚持奋斗，带领中国人民挖山不止，挖掉压在中国人民头上的帝国主义和封建主义两

座大山。这篇闭幕词以《愚公移山》为题,收入《毛泽东选集·第三卷》。从此,"下定决心,不怕牺牲,排除万难,去争取胜利"成为中国共产党人勇于奋斗、敢于牺牲的斗争精神的写照。此后,它在军民当中广为流传,成为人们战胜一切艰难险阻的精神动员令。排除万难,争取胜利,正是中国共产党党员的谋福觉悟。

  1998年我国遭遇历史上罕见的特大洪灾,江西九江在长江上处于一个特殊位置。长江如同扁担,九江一头挑着洞庭湖,一头压着鄱阳湖。上压下顶,洪峰重叠,重压之下,九江声声告急。当时驻扎九江的整建制的师就有五个,将军就有十多名。守护当地百姓的最后一道防线,其实不是水泥铸就的大堤,而是大堤上的军人。洪水来袭,老百姓往安全的地方疏散,军人则是向危险的地方逆行。长江两岸,有中国近一半的人口、耕地、城市重镇。很多工程机械上不去,只能靠人去堵,去抢时间。堤坝之内是上千万的居民,明知堵不住了还要去堵,为的是争取居民安全转移的时间。那时候最流行的一首歌就是《为了谁》,这是抗洪英雄李向群的妻子最先唱出来的,真实反映了当年抗洪的惨烈和感人的现象。正是有了排除万难、争取胜利的谋福觉悟,才取得了最后抗洪的胜利。

  在党员干部身上,经常能看到这种排除万难、争取胜利的谋福觉悟。福建省农业科学院工程所的李怡彬,在2012年5月挂职华安县沙建镇副镇长。2012年8月底,他被安排到漳永高速沙建村征地组。农村征地是一项很艰辛、很复杂、很尖锐的工作,既要保证道路工程建设顺利开展,又要保障农民的利益,尽力减少农民的损失。他与征地组所有成员团结协作,克服困难,白天办公,晚上入户了解农民困难和需求。"8月份大热天一个月完成了高速主线210亩征地任务,又用20多天完成坂里连接线350多亩的征地工作。在挂职的两年间,遇到了四次火烧山、五六次鸡鸭群体染病突发事件、数不清次数的群众集体诉求,然而,也正是这样高强度高负荷的锻炼,让他更深切地了解农村,明白农民群众的需求,也为农村办些具体的好事实事,解决一些的实际困难,让群众感受到党和政府的温暖。"① 这是一名普通挂职干部的事迹，他解决了农民的实际困难，让群众感受到党和政府的温暖。

党员干部要坚持敢作敢为，做到善作善成，特别是在危难关头、困难面前、关键时刻，要有往前冲的闯劲、干劲，有迎难而上的态度和攻坚克难的勇气，敢下深水、敢涉险滩、敢接烫手的山芋，坚定必胜的信心；在为民办实事过程中，遇到问题不绕道走，该下苦功绝不喊累，该动真格绝不手软，该抓落实绝不拖延，把困难当作垫脚石，展现新作为，呈现新面貌。大道至简，实干为要，党员干部要真正做到愿意干事、有能力干事和敢于干事，踏踏实实在工作驻地做一些实事，解一方疑难，与群众心贴心交流、面对面沟通，倾听民声、了解民意，弯下腰来贴近群众，迈开步子走近群众，俯下身来亲近群众，密切干群关系，多做暖民心的事，多行聚人心之举，争做人民群众的知心人、称心人。

第二节　"共同富裕"

在中国古代就有"共同富裕"的"福"文化观念萌芽，譬如"小康社会"和"大同思想"的概念。"小康社会代表的是一种初级的形态，是一种美好的理想社会的初级阶段，而大同社会则是一种高级的阶段，是一种纯粹的人治的理想境界。"② "小康社会"的概念最早出自《诗经》。《诗经·大雅·民劳》中有言："民亦劳止，汔可小康。惠此中国，以绥四方。无纵诡随，以谨无良。式遏寇虐，憯不畏明。柔远能迩，以定我王。"③ 这是关于"小康"一词

---

① 《李怡彬：扎根山村 一心为民》，两学一做专题网，2018年3月9日，http：//www.faas.cn/cms/html/fjsnykxy/2018－03－15/1862438844.html，2022年8月27日查阅。

② 杨威：《共同富裕理论》，吉林出版集团有限责任公司，2014年，第89页。

③ 刘毓庆、李蹊译注：《诗经》，中华书局，2011年，第730—731页。

最早的文献记载。本意是指生活安定，后来又引申出了介于温饱和富裕之间的比较殷实的一种生活状态。这种概念源自孔子的"礼义"思想以及孟子的"民本"思想。通过养民、利民和富民的种种方针政策，以期达到国家安定，百姓安居乐业的治国、利君与得天下的最终目的。

《礼记·礼运》有言："大道之行也，天下为公，选贤与能，讲信修睦。故人不独亲其亲，不独子其子，使老有所终，壮有所用，幼有所长，鳏寡孤独废疾者皆有所养。男有分，女有归。货恶其弃于地也，不必藏于己；力恶其不出于身也，不必为己。是故，谋闭而不兴，盗窃乱贼而不作，故外户而不闭，是谓大同。"① 大同思想是人类对美好未来的一种畅想，也是一种空想的社会状态，并不存在其发展成熟的条件，脱离了古代社会实际的发展情况。不过，大同思想仍有一定的进步性。"在当时那种'普天之下，莫非王土，率土之滨，莫非王臣'的思想背景下，在君权神授的封建传统意识下，人们能够提出依靠自身道德和社会风尚来保障每个社会成员的利益，让社会充满关爱，而不是指望由封建统治者施舍，靠封建统治者大发慈悲，说明我国当时的古代思想对于人治思想的看重。虽然在当时没有办法提出一些制度和政策方面的设想，不过那也是因为有一定的历史局限性的原因。"② 这是一种难能可贵的对生活和未来的期盼，反映了广大劳动人民心中对"福"的希望。这种思想当时无法逾越历史的鸿沟，在社会现实条件下没办法实现。但是，对"共同富裕"的"福"文化观算是一种早期的探索。

共同富裕是社会主义的本质体现，是我党为民求"福"的重要观念之一。"共同富裕，顾名思义，就是指全体劳动人民共同走向富裕的生活。在一个共同富裕的社会里，每一个劳动者都能够享有极大的物质和精神财富，都能平等地享有一切机会，都能过上幸福

---

① 丁鼎：《礼记解读》，中国人民大学出版社，2010年，第265页。
② 《共同富裕理论》，第78—79页。

美好的生活。我们现在所提出的共同富裕，主要是指邓小平通过总结先人的理论和我国社会主义建设的具体实践提出的，其主要思想是让全体人民通过辛勤的劳动和互相帮助从而达到丰衣足食的生活水平。"① 达到共同富裕的状态，要选好对内改革和对外开放的求福路径，明确求福目标，即以民生为指南，做好经济社会发展的工作；以人民为中心，推进基本公共服务均等化。

一、求福路径：对内改革，对外开放

毛泽东同志对共同富裕做过初步的设想，他致力于使中国早日脱贫，尽快实现社会主义现代化。他坚信社会主义公有制的优越性，坚定地走社会主义道路，并大力推动了农业合作化运动，想通过农业生产合作化运动实现共同富裕。虽然在实际的推动中事与愿违，但是仍然具有一定积极意义。他借鉴了当时苏联的社会发展经验，优先发展我国的重工业，奠定了工业建设的基础。"共同富裕是马克思主义思想中，关于人类社会未来发展的一个终极目标，是人类社会发展到最高阶段的一个标志。"② 在不断的探索和动荡之后，邓小平进一步完善了共同富裕的观念，并提出了改革开放的政策，使中国的发展进入快车道。

改革开放是自1978年12月十一届三中全会后中国开始实施的经济改革和措施，可总结为"对内改革、对外开放"，是中国特色社会主义的主要组成部分。改革开放，是我们党在中国特色社会主义建设关键时期的伟大抉择，是我们党在新的时代条件下带领全国人民进行的新的伟大革命，是决定中国命运的历史选择。从1978年召开十一届三中全会以来，我们党领导全国人民在改革开放中以义无反顾、往无前的进取精神和波澜壮阔、惊天动地的创新实践谱写了中华民族自强不息、顽强奋进新的壮丽史诗。这场历史上从未

---

① 《共同富裕理论》，第5—6页。
② 《共同富裕理论》，第23页。

有过的大改革大开放极大地调动了亿万人民的积极性，使我国成功实现了从高度集中的计划经济体制到充满活力的社会主义市场经济体制，从封闭半封闭到全方位开放的伟大历史转折。

邓小平同志不是下结论告诉我们应该怎样做，而是在方法论层面突破，先给出灵活的政策。他打破了之前的平均主义做法，取消所谓"大锅饭"，让一部分人、一部分地区先富起来。改革开放是邓小平同志一生中最大的贡献之一，一方面对旧的不合理的体制进行完善，另一方面吸纳国外的先进技术和资金，学习他国的管理经验和人才培养方法。中国由此进入经济发展的大道，从世界大国逐步进入世界强国的行列。

今天，中国人民的面貌、社会主义中国的面貌、中国共产党的面貌发生了历史性变化，一个面向现代化、面向世界、面向未来的社会主义中国巍然屹立在世界东方。事实雄辩地证明：改革开放是决定当代中国命运的关键抉择，是发展中国特色社会主义、实现中华民族伟大复兴的必由之路；改革开放是发展中国特色社会主义的强大动力，只有社会主义才能救中国，只有改革开放才能发展中国、发展社会主义、发展马克思主义。

没有改革开放，就没有中国特色社会主义，就没有中国社会主义的现代化。把改革开放贯穿于社会主义社会发展的全过程，就能使中国特色社会主义道路越走越宽广。改革开放是解放和发展社会生产力、不断创新充满活力的体制机制的必然要求和根本动力，是发展中国特色社会主义、实现中华民族伟大复兴的必由之路。改革开放，是中国历史性的一次跨越，也是中国经济繁荣发展的新篇章。自改革开放以来，中国始终坚持走中国特色社会主义道路，坚持改革开放，坚持科学发展观，坚持"发展是第一要义"。在中国共产党的正确领导下，中国特色社会主义兴旺发达，人民生活质量日益提高。

广大中国人民能够切实感受到改革开放带来的翻天覆地的变化。现在的中国人不再缺衣少食，人们不仅追求充足的物质，更追求物质的质量以及个性化消费，人民对美好生活的向往已经有了物质基础的支撑。改革开放后，我国逐渐形成了以公有制为主体，多种所有制经济共同发展的基本经济制度。随着分配制度的日趋完善，人们可以根据自己的劳动获取相应的报酬，生产积极性大大提高。

20世纪80年代，深圳蛇口工业区提出了"时间就是金钱，效率就是生命"的口号。当时的深圳人不怕吃苦，踏实肯干，凭借敢闯敢想、锐意创新的精神让深圳在短短几十年内成为国际化大都市。中国人民依靠敢拼敢闯的精神，创造良好的营商环境，使国际资本纷纷注入。如今，中国早已是世界第二大经济体，"中国速度""中国方案"得到世界各国的关注，负责任的大国形象被国际社会所认可。

事实证明，改革开放是一项伟大的决策。如今的我们不仅富起来了，也更有自信了。中国人的民族自豪感不断增强，幸福感日益增长，让我们坚定了我们国家的制度自信，并且我们会在实现中华民族伟大复兴的道路上走得愈发坚定从容。

从文化方面看，在改革开放之前，许多国人对中国的文化不自信，崇尚西方文化，对自己国家的文化则显得底气不足。自改革开放以来，中国经济高速发展的同时，中国文化的发展更是迅速，国产动漫《秦时明月》《长安三万里》在技术上赶超了日本动漫，其中国文化的精神内核更是大放异彩。中国电影《战狼》《流浪地球》等优秀影视作品让世界刮目相看，网络游戏《王者荣耀》中人物的皮肤设计来自我们灿烂的敦煌艺术，故宫的文创诠释着什么是600岁的年轻。历史证明，中国文化能够结合潮流文化传播得更远。

如今我们对自己民族的文化有了更加深刻的认同感和自豪感。源远流长的中华传统文化成为时尚潮流，中国的文化自信体现在人们生活的方方面面，中国的文化产业蓬勃发展也让世界文明更加璀璨。

二、求福目标：人民为中心，民生为指南

1. 以人民为中心，推进基本公共服务均等化。

公共服务包括加强城乡公共设施建设，发展教育、科技、文化、卫生、体育等公共事业，为社会公众参与社会经济、政治、文化活动等提供保障。增加公共服务供给是坚持共享发展、促进社会公平正义、增进人民福祉的重要途径。近年来，我国公共服务水平有了很大提升，基本公共服务均等化基本实现，为改善民生提供了有力保障。

中国共产党在推进公共服务均等化、标准化方面，主要从以下几个方面入手：

（1）加强顶层设计。一是坚持"共享"理念，以新发展理念为指导，推动"管制型"政府向"服务型"政府转型，完善与公共服务相关的财政制度、决策供给制度。二是健全法律法规，使公共服务供给领域"有法可依、可评估、可考核、可问责"，把法治化贯穿公共服务领域的各个环节。三是建立清单制度，明确各级政府事权与支出责任的科学划分，促进公共服务的标准化、均等化和法治化。

（2）创新体制机制。一是明确责任。政府落实主体责任，形成科学有效的基本公共服务长效运行机制；健全农村基本公共服务体系，积极推进城乡基本公共服务均等化。二是多元参与。引导鼓励更多社会资本进入，促进多元主体共同参与，增加公共服务供给，满足人民群众多层次多样化的需求。三是加强监督。通过对公共服务供给过程的监督和控制，依据群众需求满足状况和满意程度科学评价公共服务效果，持续提升公共服务质量。

（3）依靠科技支撑。一是创新资源配置方式。以智慧城市平台建设为契机，链接更多特定需求群体，健全相互联动机制，更精准、更好地满足不同群体多样化的服务需求。二是提升公共服务水平。依托"互联网＋公共服务"技术平台，推进信息管理平台建

设，充分挖掘信息化、智能化、网络化公共服务供给方式的优势，提供多层次、宽领域、高水平的公共服务。三是增强科学决策能力。充分利用大数据技术，挖掘相关信息、细分群众需求、探测需求热点，准确把握群众的公共服务需求，增强政府科学决策能力。

2. 以民生为指南，做好经济社会发展工作。

经济基础决定上层建筑。改革开放以来，中国的经济发展迅速，人民的腰包越来越鼓，国民生活水平日益提高。正所谓"绿水青山就是金山银山"，国家由最开始的追求经济高速发展转变成追求经济高质量增长，高污染重工业的企业也逐渐向新型的绿色企业转变。中国人民的生活也由最开始的追求温饱向现如今的追求精神享受转变。这些转变让中国变得越来越美丽，人民生活越来越美好。

自改革开放以来，中国积极进行农村经济体制改革，从前的集体劳作、"大锅饭"一去不复返，取而代之的是"包产到户"、"包干到户"、家庭联产承包责任制，农民生产的积极性被极大地激发，中国农业总产值大幅度增加，农村的经济活力大大提高。与此同时，中国在城市也进行了城市体制改革，简政放权，管理经济的政府与企业彻底分开，企业开始拥有自主权。于是，市场的机制被极大地激活了。企业不断提高效率，不断创新，整个国家的社会活力、创造力、生产力极大提高，逐渐形成了"大众创业万众创新"的局面，形成了国家宏观调控与市场机制相结合的中国特色社会主义市场经济。

改革开放以来，中国不断深化改革，建立了良好的市场环境，不断吸引外资，为中国经济的发展注入了强大的动力，中国的技术与管理模式也不断与国际接轨，并逐步达到国际先进水平。正是在改革开放的大旗指引下，我们解决了占全球五之一人口的温饱问题，如今中国已经消除了绝对贫困，成功实现脱贫。"人民富裕了，国家可以开辟更多的税种，社会公用事业就有钱可办。在'国'与

'家'的关系中，人民富裕是不可忽视的前提，不可动摇的基础。"① 如今我们可以看到中国人民的生活越来越富足，城乡差距在不断缩小，城乡融合发展，基本公共服务均等化也让我们见证了"先富带动后富，最终实现共同富裕"的誓言。

第三节 "造福之论"

"造福之论"在中国共产党执政过程中主要体现在五个大的方面：其一，明确做官的目的是要造福一方，服务于民；其二，稳固"福"的经济保障，扶贫先扶志；其三，增进民生福祉，提高人民生活品质；其四，推动绿色发展，促进人与自然和谐共生；其五，追求人类福祉，促进世界和平发展。

一、为官一任，造福一方

为官一任，造福一方。这句话可谓妇孺皆知，它出自北宋时期的著名清官胡则。要造福一方，就必须发扬钉钉子精神，坚持一茬接着一茬、一任连着一任，学以致用、知行合一、务实前行，努力做出经得起实践、人民、历史检验的实绩，抚今追昔，鉴往知来。"为民造福不是空洞的口号，必须坚持在发展中保障和改善民生。我们不断推动经济社会高质量发展，归根到底都是为了满足人民群众对美好生活的需要。踏上第二个百年奋斗目标的新征程，也必须清醒地看到，发展不平衡不充分问题仍然突出，民生保障存在不少薄弱环节。"② 为官一任，造福一方，从来都不是一句空话。

1988年，时任福建宁德地委书记的习近平下乡调研时和群众

---

① 《新周刊》杂志社：《一本杂志和一个时代的体温：〈新周刊〉二十年精选》，广西师范大学出版社，2016年，第12—13页。

② 孙秀艳：《为民造福：立党为公、执政为民的本质要求》，《中共福建省委党校》2022年第6期，第22页。

一起参加劳动,那张扛着锄头走在田间路上的照片感动了无数中国人。

1990年7月15日,时任福州市委书记的习近平同志夜读《人民呼唤焦裕禄》颇有感悟,动笔写下了《念奴娇·追思焦裕禄》一词。词中写道:"魂飞万里,盼归来,此水此山此地。百姓谁不爱好官?把泪焦桐成雨。生也沙丘,死也沙丘,父老生死系。暮雪朝霜,毋改英雄意气!依然月明如昔,思君夜夜,肝胆长如洗。路漫漫其修远兮,两袖清风来去。为官一任,造福一方,遂了平生意。绿我涓滴,会它千顷澄碧。"① 2000年1月,习近平同志当选为福建省省长。在新闻发布会上,他表示:"我深感自己肩上的责任重大,生怕福建人民的生活在我任内提高得不够快。"② 这是习近平同志对"为官一任,造福一方"观念的具体阐述。

2020年,突如其来的新冠疫情严重威胁中国人民的生命安全和身体健康。习近平总书记亲自指挥、亲自部署,统揽全局、果断决策,带领中国人民抗击疫情,为中国人民抗击疫情坚定了信心、凝聚了力量、指明了方向。习近平总书记在"为官一任,造福一方"的初心使命上可谓一脉相承、一以贯之。

质胜于华,行胜于言,一个行动胜过一打纲领。办法总比困难多,关键就在于有没有一颗实实在在的为民之心。正如习近平总书记强调的:"要把学习党史同总结经验、观照现实、推动工作结合起来,同解决实际问题结合起来。"我们学习党史、新中国史、改革开放史以及社会主义发展史的目的不是为了炫耀辉煌成就,而是为了学史力行,更好地牢记为人民群众办实事、办好事、办难事的初心和使命;更好地提高为人民群众办实事、办好事、办难事的能力和水平。作为一名党员干部,我们不能把党史学习教育与实际工

---

① 《闽山闽水物华新:习近平福建足迹》(上),第8—9页。
② 中央党校采访实录编辑室:《习近平在厦门》,中共中央党校出版社,2020年,第128页。

作割裂开来，不能群众面前一套，背后一套，也不要陷入历史虚无主义的陷阱里。

历史和现实证明：学习和实践不能分开，必须两者相结合。新征程上，只有以强国之志笃定报国之行，我们才能更好发扬理论联系实际的马克思主义学风，在学"四史"过程中，不断把理论知识转化为生动实践，学以致用、知行合一，始终为民服务，造福一方。

二、扶贫先扶志："福"的经济保障

俗话说："授人以鱼，不如授人以渔。"在扶贫帮困中，中国共产党有足够的思想认识，扶贫先扶志，把扶贫与扶志有机地结合起来，既要送温暖，更要送志气、送信心。"习近平同志提出'滴水穿石'精神，就是强调对摆脱贫困要有坚韧不拔的进取精神，有打持久战的思想准备，知难而进，攻坚克难，勇于贡献。"[①]

2021年播出的《山海情》是一部讲述宁夏脱贫故事的电视剧。该剧讲述宁夏西海固的老百姓在党和国家扶贫政策的引导下，在福建的对口帮扶下，在无数扶贫干部的努力下，通过辛勤劳动、不懈探索脱贫致富的路径，终于摆脱贫穷、过上了美好生活。透过镜头，中外观众们被西部过去贫困的状况所触动，被扶贫干部舍生忘死、无私奉献和劳动人民勤劳质朴、努力奋斗的精神所折服，被党和国家跨越山海的制度优势和政策精神所感动。当年沙尘漫天的"干沙滩"被勤劳的中国人民建设成了寸土寸金的"金沙滩"。

贫穷，是几千年来中华民族难以解决的问题。新中国成立后，特别是改革开放后，我们党带领全国各族人民走上了致富的道路。截至2012年底，我国仍有9899万农村贫困人口，意味着我国减贫工作进入了"深水区"。如何"啃掉硬骨头"，使这近1亿人摆脱贫

[①] 中央党校采访实录编辑室：《习近平在宁德》，中共中央党校出版社，2020年，第171页。

穷，成为党和政府面对的最现实问题。"脱贫攻坚"四个字，说起来容易，做起来难。不同的贫困地区实际情况不同，党和政府制定的扶贫政策就不同。扶贫的资金、人才、技术从何而来，群众的思想工作怎么来做，其中任何一环出现问题，目标就难以实现。

在这样艰难的背景下，自2012年至2020年，我们党汇聚全党全社会的磅礴伟力，向"贫困"发起挑战。经过8年多的不懈努力，近1亿中国人彻底摆脱了贫穷，832个贫困县全部摘掉贫困的帽子。这是一场彪炳史册的伟大成绩，是中华民族历史上难以想象的伟大壮举。在扶贫项目中，党政机关既没有大包大揽，也没有放任不管，而是一步步给政策、给技术、给支持。专家学者帮助当地引种新的农作物、拓宽市场渠道，扶贫过程中，技术、资金、政策都只是手段，扶民智、培养农村形成自主图强的意识，自己做自己的救世主才是根本。历史经验证明，中国已经摸索出了一条行之有效的扶贫道路，越来越多的贫困居民正逐步走向富强，人民的生活变得越来越美好。

"党和国家从经济社会发展全局出发，以前所未有的决心和力度、超常规思路和举措将精准扶贫脱贫纳入'五位一体'总体布局和'四个全面'战略布局，置于治国理政的政治高度和关键位置。"[①] 从思想上、精神上帮扶，帮助人民树立战胜困难、摆脱困境的信心和斗志；更要在精神层面进行帮扶，提高群众致富的自信心，增强他们的自信力，做到扶贫先扶志。没有扶不起来的群众，只有不对路的法子。所谓"扶不起来"，可能是领导干部扶的方式方法不对，没有因地制宜，没有符合贫困地区的实际情况。习近平同志当年在宁德工作时曾提出"弱鸟先飞"的观点。他说过："虽然我们是经济老九（当时宁德在福建省经济排名第九），但不能自暴自弃；虽然宁德基础薄弱，但可以'先飞'；'人一之，我十之'，

---

① 王金、杨文静：《习近平精准扶贫方略的思维方式探赜》，《华北理工大学学报》2022年第4期，第7页。

'天道酬勤'。"① 加强对贫困群众的教育、引导，让人民有"我要脱贫"的迫切愿望。从职业教育、农技推广、拓展信息流通渠道入手，培养有科技素质、有职业技能、有经营意识与能力的新型知识化农民。

三、增进民生福祉，提高人民生活品质

关注民生、重视民生、保障民生、改善民生，是我们党全心全意为人民服务宗旨的要求，是人民政府的基本职责。"民生保障话语体系是在解答'中国之问''时代之问''人民之问'的过程中逐渐确立的，它继承和弘扬中华优秀传统文化，与时俱进开展了创造性转换，更重要的是把人民性渗透于话语体系形成和发展的全过程，成为新时代的人民话语，彰显出本土性、原创性和主体性，具有很强的凝聚作用，决定了其独特的价值。"② 民生是和谐之本。只有始终关注民生、不断改善民生，才能凝聚民心、集中民智、发挥民力，加快推进现代化建设、构建和谐社会。党的二十大报告中有关民生福祉问题，涉及四个维度。其一，完善分配制度；其二，实施就业优先战略；其三，健全社会保障体系；其四，推进健康中国建设。

在分配制度方面，坚持的是"按劳分配为主体、多种分配方式并存，构建初次分配、再分配、第三次分配协调配套的制度体系。"③ 共同富裕是社会主义的本质要求，是全体人民的共同期盼，也是中国共产党的庄严使命。要推动共同富裕，我们不仅要"做大蛋糕"，更需要"分好蛋糕"，这就需要发挥制度的优势，通过构建

---

① 《习近平在宁德》，第171页。

② 林闽钢：《新时代民生保障话语体系的建构》，《闽江学刊》2023年第2期，第101页。

③ 《高举中国特色社会主义伟大旗帜 为全面建设社会主义现代化国家而团结奋斗——在中国共产党第二十次全国代表大会上的报告》，第47页。

分配制度来推动先富带动后富、逐步实现富裕的工作落实。分配制度是我们探索共同富裕道路的重要手段，是我们为人民谋幸福的事业上迈出的喜人一步。同时，构建分配制度也是我们不断提升人民生活品质的重要方式，从而更好地惠民利民，让更多的人在新型的分配制度中享受到红利，分享到发展的"蛋糕"。

构建分配制度不仅仅是在分红利，更是在强使命。分配制度与人民群众的生活是息息相关的，只有充分激发人民群众的内生动力，以分配制度催人奋进，才能让人民群众用勤劳的双手点亮幸福生活。通过初次分配、再分配、三次分配协调配套的方式，细化了分配方式，能让人民群众真实地感受到分配制度带来的好处，在惠民、利民上见成效。构建分配制度的方式，是用创新理论为人民群众赋能，不仅能够激发群众的奋斗意识，更能增强群众的创新创造能力，让更多人主动向共同富裕的目标迈进。稳固人民群众"主人翁"的地位，才能让分配制度成为撬动时代发展的巨大力量，推动经济社会高质量发展。

"江山就是人民，人民就是江山。中国共产党领导人民打江山、守江山，守的就是人民的心。治国有常，利民为本。为民造福是立党为公、执政为民的本质要求。必须坚持在发展中保障和改善民生，鼓励共同奋斗创造美好生活，不断实现人民对美好生活的向往。"[①] 关注民生，改善民生，要融入深厚感情。要坚持万事民为先，在思想感情上贴近群众，时刻把民生问题看在眼里，记在心上，重视民心民意，不做表面文章，使工作决策得民心、顺民意、有实效。要深入基层、深入群众，察民情、听民声、解民忧，言之倾心，行之尽心，把惠民行动落实到工作中。

党的二十大报告指出："我们要实现好、维护好、发展好最广大人民根本利益，紧紧抓住人民最关心最直接最现实的利益问题，

---

① 《高举中国特色社会主义伟大旗帜 为全面建设社会主义现代化国家而团结奋斗——在中国共产党第二十次全国代表大会上的报告》，第46页。

坚持尽力而为、量力而行，深入群众、深入基层，采取更多惠民生、暖民心举措，着力解决好人民群众急难愁盼问题，健全基本公共服务体系，提高公共服务水平，增强均衡性和可及性，扎实推进共同富裕。"① 民为邦本，本固邦宁。民生工作事关群众福祉、社会和谐稳定。办好民生事，是一切工作的基础，也是社会发展的根本目标与意义所在。因此，要多解民生之忧，紧紧围绕群众关心的、紧要的、迫切的事做起，树立民生事无小事的意识，以问题为导向，不断提高群众生活品质，不断增强群众的获得感、幸福感、安全感，满足人民对于美好生活的向往。

从20世纪50年代的"楼上楼下，电灯电话"到六七十年代的"三大件"，再到今天"有车有房"的新追求，从"吃得饱"到"吃得好"，人民群众生活看得见摸得着的变化，蕴涵着共产党人为人民幸福执着奉献的精神，揭示了党为人民福祉不懈奋斗的情怀。从新中国初期的百废待兴到如火如荼的社会主义建设，再到改革开放和社会主义现代化建设新时期举世瞩目的伟大成就，中国的经济实力、综合国力大幅提升，不断丰富的物质财富夯实着人民幸福生活的基础，也让广大群众对幸福有了更高的期待。"习近平关于民生建设的论述力求最大限度满足人民群众的民生需求，推动人民群众所享有的民生保障水平和经济发展水平同向增长，促使广大人民共享民生保障建设成果，尽力保障人民理想的民生水平和现实民生发展水平相贴近，从而增强人民的民生幸福感。"② 今天，我们党坚持把发展作为党执政兴国的第一要务，解放和发展生产力，推动我国经济高质量发展，以满足人民日益增长的物质需要。与此同时，大力推进生态文明建设、补齐民生短板、加强制度保障等，找准人

---

① 《高举中国特色社会主义伟大旗帜 为全面建设社会主义现代化国家而团结奋斗——在中国共产党第二十次全国代表大会上的报告》，第46页。

② 陈婷婷：《习近平关于民生建设重要论述的探析》，《长治学院学报》2023年第1期，第104页。

民幸福的实现路径。

人民对幸福的追求没有穷尽,党为人民谋幸福的奋斗永无止境。立足新发展阶段、贯彻新发展理念、构建新发展格局,要坚持以人民为中心的发展思想,把人民对美好生活的向往作为奋斗目标,努力实现好、维护好、发展好最广大人民根本利益,让人民群众获得感、幸福感、安全感更加充实、更有保障、更可持续。初心就是承诺,民心就是力量。不忘初心,方能守住民心;造福人民,方能开创未来。奋进的征程上,党员干部要永远保持同人民群众的血肉联系,始终同人民群众想在一起、干在一起、风雨同舟、同甘共苦,我们就一定能战胜一切艰难险阻,党和人民的事业就会无往不胜。

四、推动绿色发展,人与自然和谐共生

人与自然是生命共同体。从表现来看,人来源于自然、依赖于自然,人是因自然而生的,是自然界长期发展的产物;人可以认识自然、改造自然,使自然界为自己服务,通过劳动把自然界中天然存在的物质要素变成自己需要的东西;但人的活动必须始终遵循自然规律,绝不能凌驾于自然界之上。人类虽然可以能动地支配自然、改造自然,但是如果不尊重自然规律,恣意破坏自然,那么,人类就会受到自然界的报复。

党的二十大报告指出:"我们要推进美丽中国建设,坚持山水林田湖草沙一体化保护和系统治理,统筹产业结构调整、污染治理、生态保护、应对气候变化,协同推进降碳、减污、扩绿、增长,推进生态优先、节约集约、绿色低碳发展。"[①] 促进人与自然和谐共生是新时代的基本方略之一,是推进生态文明建设的根本要求。建设生态文明也是促进人与自然和谐共生的本质体现。人与自

---

① 《高举中国特色社会主义伟大旗帜 为全面建设社会主义现代化国家而团结奋斗——在中国共产党第二十次全国代表大会上的报告》,第50页。

然和谐共生具有丰富的时代内涵和哲学意蕴，体现矛盾思维、系统思维等一系列严谨的哲学思想。

人与自然是一种共生关系，人类是自然界的重要组成部分，自然界先于人类而存在。人因自然而生，自然界为人类提供赖以生存的物质基础，人类发展活动必须尊重自然、顺应自然、保护自然。大自然是人类赖以生存发展的基本条件。尊重自然、顺应自然、保护自然，是全面建设社会主义现代化国家的内在要求。必须牢固树立和践行"绿水青山就是金山银山"的理念，站在人与自然和谐共生的高度谋划发展。

中华传统文化中"天人合一"哲学思想体系，其核心是人与自然为一个生命共同体和道德共同体，以实现人与自然的和谐为最高理想。我们要推进美丽中国建设，坚持山水林田湖草沙一体化保护和系统治理，统筹产业结构调整、污染治理、生态保护、应对气候变化，协同推进降碳、减污、扩绿、增长，推进生态优先、节约集约、绿色低碳发展。

1. 坚持绿水青山就是金山银山。

"我国以年均3％的能源消费增速支撑了年均6.5％的经济增长，能耗强度累计下降了26.2％，碳排放强度下降了34.4％，扭转了二氧化碳排放快速增长的态势……广袤的中华大地天更蓝、山更绿、水更清，人民享有更多、更普惠、更可持续的绿色福祉。中国的绿色发展，不仅为地球增添了更多'中国绿'，也扩大了全球绿色版图，既造福了中国，也造福了世界。"[①] 绿水青山是自然财富、生态财富，又是社会财富、经济财富。实践证明，经济发展不能以破坏生态为代价，生态本身就是经济资源，保护生态就是发展生产力。必须处理好绿水青山和金山银山的关系，坚定不移保护绿水青山，努力把绿水青山蕴含的生态产品价值转化为金山银山，让良好

---

① 本刊编辑部：《"中国绿"造福中国、造福世界》，《节能与环保》2023年第2期，第1页。

生态环境成为经济社会持续健康发展的支撑点，促进经济发展和环境保护双赢。

2. 坚持生态保护，促进绿色发展。

人类在经过漫长的进化、摸索、奋斗历程后，在改造自然和发展社会经济方面取得了辉煌的业绩；与此同时，生态破坏与环境污染对人类的生存构成现实威胁。目前，全球气候正在不断变暖，热量差异加大导致海平面逐年上升，生态环境的破坏与人类生活息息相关。因此，为了获得更好的生活环境与发展，我们每个人要从日常生活小事做起，做好垃圾分类，使用环保袋购物，不浪费每一粒粮食，勤俭节约等。

3. 坚持人与自然和谐共生。

这是我国生态文明建设的基本原则。自然是生命之母，人与自然是生命共同体，敬畏自然、尊重自然、顺应自然、保护自然，就是在保护人类。要始终站在人与自然和谐共生的高度来谋划经济社会发展，坚持生态环保、节约资源、保护环境，坚持节约优先、保护优先、自然恢复为主，建设人与自然和谐共生的现代化。

在追求建设人与自然和谐共生的现代化过程中，我国走出一条区别于传统现代化的新道路，将绿色理念观落实于现代化的各领域、全过程，坚决不走"先污染后治理"的老路。工业生产是物质财富的主要来源，工业化是现代国家不可逾越的发展阶段，要以绿色理念引领新型工业化。同时，将绿色理念贯穿农业现代化发展始终，要以绿色生态为引领，以改革创新为动力，降低自然资源利用强度，改善产地环境，发展绿色产品，加强重要资源保护，强化重点区域环境治理，促进农业废弃物资源化利用，发展资源节约型、环境友好型、生态保育型农业。要让城市融入大自然，解决当前城镇化进程中出现的"大城市病""空城"等问题，把资源消耗量、环境损害程度、生态效益纳入城镇化发展评价体系，建立绿色城镇化根本性机制保障；生态智慧规划先行，走科学发展的新型城镇化道路；全面推动绿色建筑和公共交通的发展；综合整治城镇生态环境，建设和谐新城；有效推进企业节能减排，打造淘汰落后产能的全社会导向机制。

五、追求人类福祉，促进世界和平发展

党的二十大报告指出："中国始终坚持维护世界和平、促进共同发展的外交政策宗旨，致力于推动构建人类命运共同体。"[①] 中国共产党追求的是全人类共同的福祉，践行构建人类命运共同体的理念，为人类和平与发展的进步事业作出新的更大的贡献。所谓人类命运共同体是中国共产党重要的执政兴国理念，也是我国在国际上作为负责任大国的一种担当意识。这是我国从生态建设、文明交流、安全格局、经济发展乃至伙伴关系等方面所做出的努力。具体说来，这是一种共建的合作观、和平趋向的发展观、和谐公正的秩序观、共赢的利益观、普惠的价值观、持续发展的安全观、共商的全球治理观等。

人是具有社会性的，不能脱离社会而存在，人类社会发展过程中形成了各种各样的社会共同体、利益共同体。共同体其实是人与社会的基本存在形式，但在人类发展历史上的不同阶段，共同体的形式和性质都不一样。人类处于一个变革调整的时期，国内外形势风云变幻，整个世界都是在曲折中发展。此时，需要各国互相依存、互相加深联系。

中国共产党为全人类的福祉着想，始终致力于维护世界和平。和平是经济发展的前提和基础。众所周知，战争一旦发生，必将打破现有的经济格局。战争不仅带给参战国巨大的人力、物力、财力消耗，还会影响各国之间的进出口业务，造成贸易量减少，导致经济倒退。与此同时，一个战乱的国家也很难有序地开展经济生产工作，交通运输瘫痪，百姓流离失所，人们无法安心投入生产运营。

---

① 《高举中国特色社会主义伟大旗帜 为全面建设社会主义现代化国家而团结奋斗——在中国共产党第二十次全国代表大会上的报告》，第60页。

更重要的是，国家的经济发展计划无法顺利推进，最终会对经济发展造成重大影响。纵观世界经济发展史，重大的发展变化都是发生在战争后的和平时代。而当今世界经济发展的重要趋势便是经济全球化，这是对全世界人们提出的要求和挑战，只有全世界共同营造和平的环境，才能为经济发展打下坚实的基础。

和平是科技进步的沃土。科技的进步与发展需要长期的投入积累。科学研究不仅需要大量的科研经费，更需要稳定的研究人员和固定的研究场所。这一切都只能在和平的大环境下去实现。另一方面，科学发展的动力是人类探索的兴趣。对战乱中的人们而言，解决温饱才是第一要务，根本无暇探索自然和宇宙。由此可见，和平社会是科技进步的重要保障。

和平是人类幸福的根基。人类的一切发展和进步，无论是经济、科技、文化，还是物质、健康，都离不开和平的环境。中国坚定不移地走和平发展道路，始终是维护世界和平的坚定力量。新中国成立以来，中国倡导和坚持和平共处五项原则，确立和奉行独立自主的和平外交政策，向世界作出永远不称霸、永远不搞扩张的庄严承诺，为维护世界和平、促进共同发展做出了历史性贡献。党的十八大以来，中国坚持走和平发展道路，推动构建新型国际关系，积极构建全球伙伴关系网络，参与全球治理体系改革和建设，推动共建"一带一路"，倡导构建人类命运共同体，得到了世界上绝大多数国家的高度认可。中国始终奉行防御性的国防政策，不搞军备竞赛，不对任何国家构成军事威胁。作为联合国安理会常任理事国，中国积极参与联合国各领域工作，推动和平解决国际争端。

中国已成为联合国第二大会费国和联合国维和行动第二大资金贡献国，是安理会常任理事国中派遣维和人员数量最多的国家。中国以前是、现在是、以后也将永远是世界和平的建设者、全球发展的贡献者、国际秩序的维护者。中国以前不走、现在不走、以后也绝不走"国强必霸"的路子。

人类命运休戚与共，永享和平是各国人民共同的梦想。中国将坚定奉行独立自主的和平外交政策，尊重各国人民自主选择发展道路的权利，维护国际公平正义，反对把自己的意志强加于人，反对干涉别国内政，反对以强凌弱。"中国共产党开创的中国式和平发展道路，凝聚着独特的中国和平思想、和平理念、和平智慧，为当今世界和平发展提供了珍贵的理论指引和文化滋养，为推动世界和平发展进程、实现持久和平永续发展提供了重要启示。"① 中国发展不对任何国家构成威胁，也决不会以牺牲别国利益为代价来发展自己。同时，我们决不放弃自己的正当权益。中国人民愿意同世界各国人民和睦相处、和谐发展，不断推动壮大维护世界和平的力量，一道共谋和平、共护和平、共享和平。

---

① 殷文明：《中国式和平发展道路的生成逻辑和实践意义》，《河海大学学报》2022年第4期，第16页。

闽台福话：
福满人间塑吉祥

第四章

第一节 妈祖信众的"福神守望"

　　福神是我国民间信俗中最为重要的神祇之一，由于受到地域和历史变迁的影响，每个时代、不同地区都有自己的福神，形成了各具特色的福神崇拜形态。鲁迅提出："昔者初民，见天地万物，变异不常，其诸现象，又出于人力所能以上，则自造众说以解释之：凡所解释，今谓之神话。"① 在晨光熹微的人类历史发展初期，先民们以极其薄弱的生产装备和少量的知识探索周围的自然环境。自然界给予他们太多惊奇与不解，身处蒙昧状态下，他们笃信万物皆有灵魂，遂拜其为神。在人们对幸福生活的不懈追求和期盼中，福神也由此而产生。

　　神话作为一种存在于民间的历史文本，给那些没有能力借助文字刻录历史的先民们提供了一种传承文化和延续民族记忆的工具。马克思说："任何神话都是用想象和借助想象以征服自然力，支配自然力，把自然力加以形象化，神话是已经通过人民的幻想

---

① 鲁迅：《中国小说史略》，人民文学出版社，1981年，第12页。

用一种不自觉的艺术方式加工过的自然和社会形式本身。① 譬如唐代人们将木神作为福神，这是因为在古时候人们认为东方的木星是吉星，又称岁星。人们常说"吉星高照"，就是指当木星运行到某地上空时，就会伴随着福气、国泰民安、五谷丰登。在闽台地区，福神观念与民间信俗结合在一起。闽台地区的信众普遍供奉妈祖，歌颂其美德，向这位海上福神祈求庇佑。

一、懿德流芳的海上福神

"宋代坤灵播，湄洲圣迹彰。至今沧海上，无处不馨香。"这是清代福建籍诗人庄俊元于咸丰二年（1852）的春天，在中国台湾北港朝天宫所作的《朝天宫题壁诗》中的一首。诗人赞美了海上福神妈祖作为海上女神的神通广大，其信徒分布全国的盛况。笔者在《闽台妈祖文化传播》一书中曾根据史料重新梳理过妈祖的生平轮廓，大致是这样的：宋太祖建隆元年，也就是公元960年，农历三月二十三，福建莆田湄洲屿诞生了一名女婴，取名"默娘"。传说中，林默娘这个女孩子生来聪慧，不流于俗。8岁开始读书，便能解书中大意。再大一点，也没有像其他女孩儿那样专注于把自己塑造成相夫教子的家庭主妇，而是喜欢上了诵经礼佛，常为人治病，教百姓如何驱疫避灾。在林默娘仅有的二十八岁的青春年华里，她熟识水性，常常救助遇难渔民，广施博爱，最终在救助遇险渔民时遇难而死。此后，默娘在民众的期待中逐渐由人升格为神。信众通过祭祀仪式、相关民间传说，不断传承着妈祖精神。"传闻利泽至今在，千里桅樯一信风。"海上福神妈祖是一位涉波履险、永护民安的海上女神，老百姓世代不忘她安澜赐福的恩德。

五代末期陈洪进割据福建，民不聊生。因妈祖生前亲民爱民，解危助困，所以民众敬其如敬母，妈祖信俗开始在民间流传。在宋

---

① ［德］马克思：《政治批判学》，中央编译局译，人民出版社，1973年，第113页。

宣和五年（1123），妈祖第一次得到朝廷褒封。宋徽宗御赐匾额"顺济"。在官方的推动下，当地富豪李振堂兄弟带头出资，重建庙宇，改名"顺济庙"，当时引起了较大的社会反响。① 南宋绍兴年间（1131—1162）、淳熙年间（1174—1189），朝廷又先后赐予"灵惠夫人""惠灵妃"封号，从而确立妈祖的海神地位。此后，历朝对妈祖一再褒扬诰封，封号愈加显赫，神格也不断提高。从妃到天妃、灵妃，直至天后、天上圣母。清乾隆曾亲自赋诗多首感怀妈祖。作为海上福神，妈祖从宋代起陆续接受朝廷50多次的赐封。

信众对海上福神妈祖的尊崇体现在很多细节上，譬如从各地天后宫的楹联内容上看，历朝历代创作了大量楹联，以颂扬妈祖的致仁致爱。福州马尾天后宫门上由沈葆桢题写的楹联是：

视远为明，知普度众生，全凭慧眼。
恩溺由己，愿永清四海，上慰婆心。

泉州天后宫的楹联是：

浯浦汇流，门迎德济，神名昭海甸，志称凡琉暹爪满诸国节遣使臣，频风诣兹祭告。
湄洲降世，庙立温陵，灵誉播闽台，史载经宋元明清历朝号封天后，千秋享此馨香。

唐宋时期，我国对外贸易颇为发达，海上交通繁忙。通商船只经常遇到惊涛骇浪、飓风暴雨而不时发生海难。人们深感福祸难料，安危难测。所以，航海通商者多在船上供奉妈祖，由此形成了独特的"流动的庙宇"。据《历代宝案》记载："道光五年四月初九

---

① 吉峰：《中华传统文化传播研究举隅》，九州出版社，2019年，第201页。

日……为装运粮米事恭奉宪令于上年四月十五日在本县出口，五月初一日到台湾府装载炼蜜……计开被风中国难商随带物件：一、所奉天上圣母神像全座……"① 据郑和《天妃之神灵应记》碑云："而我之云帆高张，昼夜星驰，涉波狂澜，若履通衢者，诚荷朝廷威福之致，尤赖天妃之神保佑之德。"妈祖信俗给航海者以巨大的精神力量。"梯航所过，弓影蛇形，皆有一天妃载其目中。"信众期盼这位海上福神赐福，永保安康。

二、妈祖的多元神职

从严格的意义上来讲，妈祖属于海神，率领着众多水部神将。我们去庙里能够看到妈祖身边有千里眼、顺风耳、加恶、加善、王灵官。但是，我们不难发现，人们出于对妈祖的尊崇，不断地赋予海上福神妈祖多元化的神职功能，如：保佑学业和事业顺利、财运亨通、婚姻美满等。妈祖被民众赋予了"五路财神""月下老人""文昌神""北斗星"等诸多神职功能。信众将很多对美好生活的期盼都寄托在了海上福神妈祖的身上。

"善的本质是：保持生命，促进生命，使生命达到其最高度的发展。"② 在传说中，妈祖有四位陪神："子孙娘娘""送生娘娘""眼光娘娘""瘢疹娘娘"。古时候医疗水平落后，生活条件也比较差，人们内心对各种疾病是恐惧的，因此妈祖的神职演化出了祛病送子的功能。传说妈祖的陪神瘢疹娘娘主管天花，其下还有一些神职人员，名字都非常活泼："报事灵童""施药仙官""痘疹童子""散行天花仙女""挠司大爷""挑水哥哥"。这些神职人员一起协助妈祖处理繁衍子嗣和保护儿童身体健康的职责。

---

① 郑丽航等：《妈祖文献史料汇编·第二辑·史摘卷》，中国档案出版社，2009年，第182页。

② ［德］阿尔贝特·施韦泽：《敬畏生命——五十年来的基本论述》，陈泽环译，上海社会科学出版社，2003年，第35—43页。

"明代《三教源流搜神大全·卷四》：妈祖'尤善习孕嗣，一邑共奉之。邑有某妇，醮于人，十年不孕，万方高祷，终无有应者。卒祷于妃，即产男子嗣。是凡有不育者，随祷随应。'清代周楚良的《津门竹枝词》：'儿女欢欣昒岁除，娘娘宫里众纷如……十方弟子为祈儿……娘娘次号送生神，哄得孩儿降世尘，转面狰狞相恐吓，防他依恋不离身。'望云居士《天津皇会考纪》记载：'航海者祈之极为虔诚，一般人民亦渐信仰，尤以妇孺所有各事，莫不祈天后而求顺遂。于是，天后遂成为掌司各事之神，而为妇女心灵唯一之主宰。'"①

台湾的茶农、茶商将妈祖奉为茶神。他们之所以奉妈祖为行业神，是因为从19世纪60年代开始，台湾的茶叶贸易就颇为兴盛，主要靠出口茶叶盈利。但是本地的制茶技术比较落后，必须从福建请茶师过去制茶。请茶师、出口成品茶叶都需要走海路。所以，渡海的安全问题就是头等大事。那么，海洋安全谁负责呢？当然就想到了海上福神妈祖。据说每年春季，茶商进庙祭拜，带着一尊妈祖的分身上船。还有的茶商弄个香火袋作为护身符。《小方壶斋舆地丛钞·九峡》里有这样一段描述："凡船舶危难有祷必验，多有目睹神兵维持或神亲至求援者，灵异之迹不可枚举。洋中风雨晦瞑，夜黑如墨时，每于樯端现神灯示佑，又有船中忽出燨火如灯光升樯而灭者，舟师谓是马（妈）祖。火去必遭覆败，无不奇验……"②时至今日，台湾茶业公会的大楼里仍供奉妈祖，这也是海上福神妈祖信俗的一大特色。

三、信众祈福：福泽种于心田

立德、行善、大爱，是海上福神妈祖信俗的精神内涵。生于海

---

① 望云居士：《天津皇会考纪》，天津古籍出版社，1988年，第28—45页。
② 王锡祺辑：《小方壶斋舆地丛钞·九峡》，台湾学生书局，1985年，第329页。

边长于海边的林默娘具有高超的驾船技巧，且聪明灵惠、乐于助人。其短暂的一生都在行善事、积善德。儒家主张"仁者，爱人""泛爱众，而亲人"。林默娘一心向善，关于她见义勇为，救助海难的助人故事不胜枚举："铁马渡江""神姑镇魔""挂席泛槎""化草救商""断桥观风""庇佑漕运""旱情解救""圣泉救疫""祷雨济民""灵符回生"等，这些故事无不体现着趋善向善的人性本能。

除了与人为善、真诚待人之外，惩恶扬善也是海上福神妈祖所具备的优秀品行。宋朝时期的"紫金山助战"、明朝的"拥浪济师"、清朝时的"助风退寇"，还有"祷神起碇""涌泉济师""荫护册使"等神迹轶事，无不彰显这位妈祖娘娘疾恶如仇、公平正义的道德原则。妈祖信俗所蕴含的哲学精神对民众有着强大的向心力，吸引越来越多的信众去竞相追随。亲善友爱、公平正义，这些都是中国几千年传承下来的文化内核，也是幸福生活得以延续的精神力量。海上福神妈祖代表的精神可以概括为四个字："诚""仁""勇""善"。

其一，妈祖之"诚"。妈祖的传奇充满了动人的真诚。清代著名学者赵翼《陔余丛考》中记载："倘遇风浪危急，呼妈祖则神披发而来，其效立应；若呼天妃则神必冠帔，恐稽时刻。妈祖云者，盖闽人在母家之称也。"传说，如果人们向海神呼救，你呼唤"天妃"，妈祖会梳妆打扮，盛装而来，当然，这或许会耽误救援时间。如果你直呼"妈祖"，那么神灵会抛弃繁仪缛节，不施粉黛，即刻前来援救，这是妈祖的亲民爱民的形象体现。此谓妈祖之"诚"。

其二，妈祖之"仁"。《敕封天后志》中说："林氏聪明通达，道心善利。"在传说中，林默曾将其母送来的菜籽倾于地上，施法让菜籽死而复生，"灿然青黄，布满山塍，至今四时不绝"。儒家的孟子主张"亲亲而仁民，仁民而爱物"，妈祖身上就具有这种民胞物与的善心与大智慧。这是妈祖之"仁"。

其三，妈祖之"勇"。在妈祖羽化成神之前就留下了见义勇为的事迹。传说商船遭遇大风触礁，哀号求救，"众见风涛震荡，不敢向前"。林默挺身而出，摆驾至前，勇于施救。此外，众多妈祖助战的传说充分展示了其勇敢与正义。传说在郑成功驱逐荷兰殖民者以及施琅收复台湾的海战中，妈祖曾显灵助力，乃至"衣袍半湿，脸汗未干"。恰如《论语》中所提倡的"仁者不忧，知者不惑，勇者不惧"。这些世代流传的神话传说，正体现了妈祖之"勇"。

其四，妈祖之"善"。《天妃显圣录》记载，传说中妈祖在大旱时行云布雨，在瘟疫流行时治病救人，在民众饥荒时赈济饥民。《敕封天后志·引舟入澳》中，传说清代名将施琅舰队航行遇风受阻，"举船皆惶惧。正在危急间……见船头有灯笼火光，似人挽缆至此。"这体现了妈祖之"善"。

"诚""仁""勇""善"，这是海上福神妈祖身上优秀品质的概括。妈祖是闽台信众心中幸福生活的寄托，也是至善人格的榜样。

每年百万海内外信徒竞相赴湄洲岛妈祖祖庙朝拜，其中台湾民众为最。每逢妈祖诞辰、升天等重大纪念日，进香谒祖朝拜的信众络绎不绝。"生而神灵，能言人休咎"的海上女神妈祖，以其救灾降福的形象征服了沿海民众。民间信众世代传颂着她的事迹，崇拜她，祭奠她，祈求神灵保佑他们安居乐业，避开灾难，多福多寿。而如今，信众早已不满足于仅仅祈求妈祖保佑航海平安。信众虔诚祈祷，坚信妈祖会满足其各种愿望。一代代善男信女们传颂着妈祖的故事，妈祖信俗已经成了沿海信众的精神寄托。相关祭祀的仪式和传统流传数百年，演变成一种独特的"福"文化。

笔者曾采访一名莆田本地的"零零后"学生，问他作为一个年轻人，是否信奉妈祖。他是这样回答的："中国人有句老话叫作'头顶三尺有神明，不畏人知畏己知'。无论你在什么地方，做什么事，神明都会看得清清楚楚。所以任何人不要以为没有人在旁边就做坏事。另外，妈祖给予我心灵的安慰，让我知道自己即使在外拼搏也不是孤独的，是有神明保佑。"这是当下年轻人从心理文化层面对海上福神妈祖信俗的理性认知，比较有代表性。

海上福神妈祖信俗中所蕴含的传统文化是集儒、释、道文化与中华海洋文化之大成的一种活态文化，由儒、释、道三家相融互补

而成。治心以佛，治身以道，治世以儒。作为海上福神，妈祖的精神充满了正向力量，"礼""义""忠""勇""孝悌"等文化因子在现代社会尤为重要。在这个交流与竞争并重的时代下，更有着积极的文化探究与推广意义。

推广这位海上福神妈祖的精神，是为了催化人们的仁爱之心。"仁"绝不仅仅停留在我们的思想中，它应当转化成一种行动，用我们的微笑、我们的善举去影响周围的人，这就是"仁者"。妈祖信俗的意义就在于让我们试图找到一个修身正己、迈向理想人格的路径，从"修己以敬"，到"修己以安人"，最后到"修己以安百姓"，包含个人修养、伦理建设、家国天下三个阶段，完成了真正意义上的"修己"以求福。

四、丝路传福：妈祖福泽远播

作为中华优秀传统文化的一部分，海上福神妈祖被越来越多的人熟知，得到了世界各国人的尊崇，成为全人类共同的"福"文化精神财富。"妈祖文化在东洋、南洋以及世界其他地区的传承体现出其普遍的被认同，她以强大的适应性和融合力超越了时代、民族和国界。在海外，华侨华人借助妈祖文化形成文化认同，确立异域文化语境中'自我'的社会身份；通过文化求同存异策略，妈祖文化获得居住国'他者'的文化认同。"① 目前，在世界各地有近五千座妈祖庙，遍布20多个国家和地区，信众也多达两亿人。"妈祖文化先天根基建立在民间妈祖宗教信俗的基础之上，后天又受儒、释、道三种文化的沁浸，逐渐形成一种具有普世性质的中国传统文化精髓的一部分。"② 笔者在《闽台妈祖文化传播研究》中提道：

---

① 张宁宁：《构建文化认同：妈祖文化在海外传播的独特价值》，《福州大学学报》2023年第1期，第29页。

② 吉峰、张恩普：《妈祖文化如何传播与营造"媒体奇观"》，《传媒》2015年第6期，第60页。

"任何受众都可以基于自身特定的文化背景和个人理解层面,去感受妈祖文化的魅力,继而接受妈祖文化故事中某些有益的中国优秀的传统文化元素。"① 从南宋时期开始,海上福神妈祖在海丝之路的助推之下,实现了文化的穿行与交流,向异域传递了一份海上"福"文化的礼物。

《莆田市外经贸志》中记载,宋代兴化军与海外10多个国家和地区通商,主要有阿拉伯半岛、大食(统指阿拉伯地区)、阇婆(印度尼西亚爪哇岛中部)、三佛齐(苏门答腊岛东部)和高丽(朝鲜)、日本、琉球和交趾(今越南北部)、占城(今越南南部)、真腊(今柬埔寨)和中南半岛,以及香港、台湾地区等。特别是泉州刺桐港对外贸易非常兴盛,通商的国家和地区有30多个。广大海商在开展对外贸易的同时,也将妈祖文化传播到古丝绸之路沿线的国家和地区。但由于历史久远,史料缺乏,东亚和东南亚各地有关妈祖传播的历史文献记载并不多,只有港澳台地区的妈祖传播情况记载比较明确。据台湾《林氏族谱》记载:"北宋初,北方流民入莆田湄洲沿岸,林默(即妈祖)造木排渡难民往澎湖定居求食。"② 以下略举几例以展示"海丝"沿线的诸多国家妈祖文化的传播情况:

"海丝"之路沿线部分国家	妈祖文化传播情况
日本	建有妈祖庙一百多座③
越南	仅胡志明市就建有多处妈祖庙并且香火旺盛
泰国	将妈祖文化与当地宗教融合
朝鲜	《朝鲜王朝实录》有关于妈祖文化的记载

---

① 吉峰:《闽台妈祖文化传播研究》,厦门大学出版社,2017年,第84页。
② 蔡天新:《古丝绸之路的妈祖文化传播及其现实意义》,《世界宗教文化》2015年第6期,第54页。
③ 童家洲:日本、东南亚华侨华人的妈祖信仰,2013年12月30日,http://www.chinamazu.cn/rw/gd20131230/21915.html,2022年1月2日查阅。

(续表)

"海丝"之路沿线部分国家	妈祖文化传播情况
马来西亚	有35座天后宫①
菲律宾	建有100余座妈祖庙②
新加坡	有50余座妈祖庙；新加坡道教总会在2015年赴湄洲岛组团祭拜并交流
印度尼西亚	有40余座妈祖庙
西班牙	在《大名的中国事物》《大中华帝国》中都提及妈祖文化③
加拿大	2006年，加拿大卑诗省坎伯兰市长亲赴妈祖故乡湄洲恭请一尊妈祖神像到坎伯兰市④

《福莆仙乡贤人物志》中有言："明代，自永乐三年（1405）成祖派郑和下西洋以后，妈祖行宫从中国走向世界。"⑤

作为闽台地区的代表性福神，妈祖体现了我国的一种海洋文化气质，即"变革图强思想、探索冒险精神、全面开放理念、吃苦耐劳品格"⑥。海丝之路上的异域人民在从事贸易的同时，也在彼此学习、借鉴着思想，在沟通中获得启发，在文化认同过程中得到生命的拓展，向世界传递着至善为福的文化精神。

---

① 李天锡：《越南华侨华人妈祖信仰初探》，《莆田学院学报》2011年1期，第1—7页。

② 林明太：《妈祖文化在海上丝绸之路沿线国家的传播与发展》，《集美大学学报》2015年第4期，第5页。

③ 周金琰：《妈祖文化——在新的海上丝绸之路中传承》，《中国海洋报》2017年第2期，第2页。

④ 王丽梅：《妈祖文化与海上丝绸之路》，《五邑大学学报》2016年第1期，第15页。

⑤ 印度尼西亚兴安同乡会编：《福莆仙乡贤人物志》，福莆仙文化出版社，1990年，第37页。

⑥ 叶世明：《"文化自觉"与中国现实海洋文化价值取向的思索》，《中国海洋大学学报》2008年第1期，第18—22页。

五、仪式：祈福有"礼"

"仪式是指按一定的文化传统将一系列具有象征意义的行为集中起来的安排或程序。"① 仪式是最能体现人类本质特征的行为方式和象征符号，在福神崇拜的过程中占有重要地位。海上福神妈祖的信俗千百年来所延承的仪式活动，一边融日常生活于仪式活动之中，一边又融仪式活动于日常生活之中。综合分析，其特征表现在六个方面：第一，仪式用于表达信息，却不仅限于所表达的信息；第二，仪式具有形式特征，却不仅仅作为一种形式存在；第三，仪式的作用体现在仪式所发生的场合，但同时也超越那个情景；第四，仪式有时被重复演练以表现集体性，但同时融个体化于其中并超越某一个体；第五，仪式具有历史意识和偏主流引导的叙事功能；第六，仪式可以存储社会记忆，同时反映社会变迁。

民间信俗的仪式往往囊括了这一信俗的整个信仰体系和精神风貌。综合考察现代妈祖信俗祭祀仪式，以下从"祭品""祭器""代表性仪式"三个方面结合相关典型案例来进行探讨。

从海上福神妈祖信俗祭祀仪式的祭品来看，这一信众与妈祖之间进行交流的中介物，承载着人类对神主观发送的信息。一般而言，祭品包括香烛、鞭炮和贡品等，可理解成人基于对神灵的虔诚和敬畏所准备的敬献物品。祭品品类、数量都有讲究。为妈祖准备的果糖、饭菜，在集体性的祭祀活动中都有着丰富的文化意涵。

自宋代以来，海上福神妈祖祭祀仪式中的祭品一直具有明显的海神祭祀特征。一般除了常见的牲禽和果品外，还备有面粉制作的"水族朝圣"，其中有鱼、虾、蟹、蚌等36种造型。

从妈祖信俗祭祀仪式的祭器来看，其所内涵的仪式意义相比祭品具有更强的象征性，拥有更多的文化外延。妈祖信俗祭祀仪式中的祭器，可以分为仿古祭器和民间传统祭器两部分，其中，"仿古

---

① 陈国强：《简明文化人类学词典》，浙江人民出版社，1990年，第135页。

祭器包括笾、豆等竹木制品和其他如铏、簠、簋、爵，以及盥洗用的盥、匜等一些按《中国青铜器》等书所载形制和饰纹用蜡模仿铸的铜器；民间传统祭器则包括香炉、木雕龙烛、花斗、桌灯、果盒、馔盒等"①。

"卜杯"和"摇签"是比较常见的使用到祭器的仪式。这是信众向神灵问询祸福的仪式，反映了特定历史背景中人类对于自然规律的认识和敬畏。

"妈祖蔗塔"是妈祖宫庙中较为常见的法器，源自妈祖林默娘点燃蔗塔引导迷失在海上的渔民回家的美丽传说，承载着妈祖慈悲、奉献的精神。"后人为了纪念妈祖，就在每年元宵节用甘蔗搭建蔗塔"②，以蔗塔为象征符号，表达对妈祖的敬仰，也祈求自己生活如甘蔗一样节节高升。这一祭器跨越不同时空完成意义交换，由最初的海上灯塔转换为海上保护神、生活守卫者的寓意，并获得社会族群的认同。

盛大的妈祖祭奠仪式经过一千多年的发展演变，整个祭祀过程已形成独特、完整的礼仪法度和仪程规范，雍容肃穆。以湄洲妈祖祖庙的祭祀仪式为例，仪程依次为：

一、响鼓三通，鸣礼炮。

二、仪仗队、仪卫队、乐生、舞生就位。

三、主祭人（1人）、陪祭人（若干人）、与祭人（不限人数）就位。

四、迎神、上香。

五、奠帛（先盥洗）。

---

① 黄秀琳、黄新丰：《妈祖祭典文化元素的构成与再造：以湄洲妈祖祭典为例》，《莆田学院学报》2010年第4期，第7页。

② 吴晓红：《非遗文化"妈祖信俗"的符号学阐释：以妈祖蔗塔为例》，《长沙大学学报》2011年第6期，第81页。

六、诵读祝文。

七、行"三跪九叩"礼。

八、行"三献"礼,奏"三献"乐(伴舞)。

九、焚祝文、焚帛。

十、"三跪九叩"。

十一、送神。

妈祖祭祀仪式不局限于地域,在传播过程中往往会结合当地传统文化进行一定程度的改造,以更好地融入当地民众的生活。

盛大的"妈祖出巡"活动近年来如火如荼,在中断了七十余年后遍地开花,进入了各地天后宫庙的议程。"妈祖出巡"即用轿辇抬着妈祖沿着既定路线出巡。"信众都会跑过来摸娘娘的宝辇,以此种方式朝圣,表达自己的愿望和祈福。"[①] 台湾地区的"妈祖绕境"活动与此意义相同,组织过绕境活动的著名宫庙有大甲镇澜宫、北港朝天宫、白沙屯拱天宫等。北港朝天宫每年都有两次迎妈祖活动,时间分别是元宵节与妈祖生日前夕。大甲镇澜宫妈祖绕境长达9天8夜,来回超过300公里。信众在"妈祖绕境"活动中感受"福"气。

"妈祖出巡"仪式体现了妈祖文化传播中最为活跃的时空交流意义和社会认同。神灵出巡,即在一个更大的平台完成信众对妈祖的朝拜,在这样的仪式中,日常生活场景和妈祖信俗祭祀场景交融在一起,从而完成超越时间和空间的认同感建构。

"妈祖回娘家"仪式也起到了同样的作用。"妈祖承载浓厚的中国人的亲属印象,妈祖信俗的建构也保存了中国亲属结构里的象征

---

① 史静:《天津妈祖信俗标准化与在地化的博弈嬗变》,《齐鲁艺苑》2013年第3期,第12页。

与情操。"① 实际上按照妈祖原型林默娘的人生,未出嫁的姑娘是没有"回娘家"一说的,但妈祖文化尤其是妈祖宫庙之间,通过"妈祖回娘家"这样一个"拟探亲"象征仪式,达成宫庙之间的交流与妈祖文化传播的目的。

海上福神妈祖的祭祀仪式继承发扬了中华优秀传统文化的精神内涵和规章礼法,同时也结合了当前的文化环境,发展创新,充分满足海内外尤其是闽台地区华人"追根寻源、认祖归宗"的文化认同心理和族群意识,使闽台"福"文化呈现出强大的传播力和生机勃勃的文化张力。

第二节 闽南人的祈福境界

闽南地处我国东南沿海,"八山一水一分田"的特殊环境,使得当地许多人无可耕之田,只能转而向大海谋求发展。也正是这样的环境锻造了闽南人不畏艰险、冒险开拓、创新求变、放眼全球的品格,展现出独特的求福境界。

闽南地区主要指包括厦、漳、泉三个地级市组成的地区。这个地区由于人多山多田地少、水运通达的特殊地理条件以及历史迁移而形成的家族结构,形成了开放又内敛的独具特色的闽南文化精神。闽南人民的"福"文化观念可以总结为四大方面:一是注重家族整体、团结乡里、崇敬祖先、重视亲人的重乡崇祖精神;二是勇于尝试、艰苦奋斗、勤劳致富、开拓进取的爱拼敢赢精神;三是热衷经商、商儒相融、得利反哺的重义求利精神;四是灵活求达、积极向外拓展、不受环境钳制的山海交融精神。闽南人骨子里流淌着"爱拼敢赢"的基因,这是他们追求幸福生活的重要信念。"靠天吃饭,在海上讨生活的闽南人向来相信世间存在看不见的力量,也相

---

① 张珣:《文化妈祖:台湾妈祖信仰研究论文集》,"中研院"民族学研究所,2004年,第90页。

信善良勤奋的品格能引领他们通往自由自洽的人生。"① 如今，闽南地区的经济发展蒸蒸日上，人们生活水平也越来越富足、越来越幸福。

一、"重乡崇祖"：厚德求成的造福担当

重乡崇祖体现了中国传统文化中的家族本位和乡土色彩。作为一种潜在的心理意识，重乡崇祖是闽南民众沿袭历史传统，敬畏自然、敬畏生灵的外在体现。闽南人敢闯敢拼，富裕后总是不忘回报桑梓。正是源于重乡崇祖的意识，闽南人的幸福生活才得以更好地延续。

闽南地区重乡崇祖的造福担当意识与这一地区的家族社会形成有关。西晋末年衣冠南渡后，闽南地区涌入了许多以宗族为基础的汉人族群。背井离乡的汉人更加珍重身边的亲人，并出于对故土的思念和对祖先的崇敬，大量地修族谱、建祠堂，以追远怀乡。那时候入闽汉人们多依靠家族的整体力量来拓展生存空间，采取聚族而居的方式。这种状况自然而然地加强了血缘宗族的观念。闽南地区几乎每一个家族都有一本族谱，记载着宗族人丁增减、发展兴败。村子里的人兜兜转转都是血脉相连的亲人，都在同一份族谱上。这有效地将浓厚的家族观念根植到每一个家庭中，从而促进家族社会的成型。这种根深蒂固的家族观念一旦形成，就会使每个闽南人对同族乃至家乡产生强烈的依附感，并通过同帮互助，使彼此的生活更加幸福。

闽南地区捐资助学、建乡的风气盛行。闽南多华侨。截至2020年，闽籍华侨华人约1580万，约占全球华侨华人总数的1/4。按祖籍地划分，福建省侨胞最多的是泉州。历史上，华侨华人们在侨居国经过一番含辛茹苦的打拼，取得了可观的财富后，为改变祖

---

① 李秋慧：《在泉州，种种生活都通往自由》，《新周刊》2022年第23期，第31页。

国家乡落后的面貌、帮助改善家乡人民生活水平,他们在家乡积极捐资兴办各项事业,而在这些诸多投资中,又以捐资办学为最。尤其是泉籍华侨华人,热衷于在教育领域慷慨解囊。

1951年,永春岵山华侨兴办"永春私立新星中学";1952年,南安官桥及晋江的丰光、天亮等乡村的华侨、侨属助建"五星中学"等;1960年,中国第一所以"华侨"命名的高等学府"华侨大学"创办……一所所学校在侨亲的支持下拔地而起。仅1953年至1960年,晋江专区华侨先后创办的中学就达28所。除了华人华侨之外,闽南本土的企业家们也热衷于反哺家乡,出资助学。在一些小乡镇里,村里普遍设有专门管理企业家所捐赠助学资金的资金会,大学生每年都能拿到资金会的助学金,乡里的小学和中学也能申请建设资金。这种捐资助学的风气在闽南地区十分盛行,大小企业家都会在力所能及的范围内对家乡的教育事业添砖加瓦。上到立项建学,下到书籍文具,都可以看见他们对学子后代的深切关怀与对家乡的深厚情感。

有人曾将重乡崇祖精神比喻为一根玉米,外面一层老皮,里面一层嫩皮,再往里还有一层玉米须,然后才能看见那金灿灿香甜饱满的玉米粒。闽南人重乡崇祖精神带动了宗族体系的发展。它采用上下一心、一村一族的模式来抱团取暖,抵抗侵害,发展家族。

在抗日救亡的年代里,重乡崇祖的精神外化为爱国救国的大爱之举。"九一八"事变爆发后,东南亚华侨发起了救国捐款,即便太平洋战争以后,东南亚地区陷落,捐款也没有停止,持续时间长达14年,直到抗日战争胜利。参与捐款的人群包括侨领富商、贫苦农民、小商小贩,甚至舞女、乞丐,上到白发老妪下至稚气小童,都参加了救国的捐款活动。[①] 在这个国泰民安、民主开放的时代,重乡崇祖便重点表现在投资家乡、共同富裕的形式。许许多多

---

① 郭楠:《东南亚华侨对祖国抗战贡献研究》,西华师范大学硕士学位论文,2020年。

的闽南企业家为家乡的教育事业添砖加瓦,为家乡的经济事业提供资源。所以说,重乡崇祖的造福精神一直在与时俱进,是具有发展性的。

闽南商人即使在海外谋生,仍以"荣旋于乡梓"为念,希望能够为家乡族人造福。陈嘉庚、胡文虎等近代著名闽籍侨商即其中典范。譬如生于福建集美的陈嘉庚,1894年回乡出资2000银圆建立惕斋学塾,捐资兴学的人生理想由此展开。后来他又捐建了集美中学和厦门大学,并在临终将全部遗产捐给集美学校作教育基金。除了投资教育,陈嘉庚还资助推动近代交通的发展、通信技术的革新、报刊媒介的萌芽,构建了闽南与海外侨商群体的慈善网络。相比于其他商帮,这种跨地区乃至跨国界的慈善网络不仅能够更从容地调配资源,拓展更多有志于慈善事业的慈善家,也能更有效地抵御单一地区未来可能遭遇的重大风险,让抱薪者不必担忧明天的风雪。而广阔网络的背后,正是闽商开放包容、四海一家的见识格局。

改革开放后,诸多海外华侨陆续回到故乡拜祖省亲,有的华侨家族甚至几代人几十上百个成员浩浩荡荡地集体回乡。他们回乡后捐建学校、公路、医院,设立奖教奖学基金等,使故乡的面貌焕然一新。有意思的是,这些在海外接触到现代文明的华侨不仅给故乡带来现代国际理念,而且成为故乡修建祠堂、编修族谱等恢复传统运动的积极推动者。他们功成名就后不忘家乡父老,让福气传遍故土。

闽南人重乡崇祖的观念在理性方面蕴含着经世哲学。重视家族乡里情感是为了凝聚人心、团结乡里,壮大势力、扩展人脉关系。重乡崇祖精神在感性方面展现了闽南民众对家人家乡的深厚感情。崇拜祖先、敬重宗族是为了不忘来处、归乡有路。尤其是旅居海外的华人华侨们,这份感情展现得淋漓尽致,他们在海外建立起一个个小闽南,让闽南文化在异国他乡遍地开花,让幸福在闽南人心中蔓延。

二、"爱拼敢赢"：求新自强的求福精神

在闽南，《爱拼才会赢》这首歌家喻户晓。《爱拼才会赢》不仅唱出了闽南人拼搏进取的性格特征，更是闽南人求新自强的求福精神的生动体现。

"三分天注定，七分靠打拼，爱拼才会赢……"这首《爱拼才会赢》被闽南人自豪地称为"闽南之歌"。在商界，这首歌更被视为闽南人的"商魂"之歌。20 世纪 80 年代，这首歌一经发布马上在各行各业中流行传唱，让"打拼"成了流行词，甚至传唱到东南亚，成了创造经济成就的精神口号。这首歌之所以传唱度这么高，是因为歌词中的"拼"和"赢"两个字。在闽南人看来，人生在世，无论做什么事情都离不开拼搏精神，如果没有敢闯敢拼的精神就不会赢得成功，不会赢得福气。闽南商人不怕失败，他们即使屡战屡败，也不会被挫折击垮，而是愈挫愈勇，用自己的智慧铸造商业辉煌。闽南人的求"福"途径是靠自己的不懈拼搏，正如夸父逐日，生命不息，逐而不止。正是这种拼劲，造就了辉煌的闽商群体。

闽南人把这种求新自强的"福"文化精神传递到了国外。"在东南亚，早期离乡打拼的华人取得成功后，会集资组织建设供奉观音、关羽、妈祖和土地公等神灵的寺庙。这些寺庙功能多样，既用来祭祀祈福求平安，也用来举办同乡聚会、处理纠纷和丧葬事务。此外，还有一个很重要的功能，它是华人新移民的落脚点和资助新移民的坚强后盾。许多赴南洋拼搏的闽南人，大都通过这种生存方式得到先期到达的乡亲的提携和指引。"①

白手起家是一件相当难的事。一个普通人要想成功必须占据两个条件：一是贵人的帮助；二是有过硬的本领。闽南人之间互帮互

---

① 林华东：《论闽南文化的继承性与创新性》，《闽南师范大学学报》2020 年第 3 期，第 46 页。

助，同时具备锲而不舍的学习与拼搏精神。自求上进，相助传福。

三、"重义求利"：求真务实的聚福修养

闽南人敢于求利，他们的商贸情结历经千余年而不曾改变。闽南地区有句民谚"卖三分钱土豆也要做头家"，生动地展现了闽南的商贸文化。宋代著名诗人刘克庄曾在《泉州南郭》中描绘了闽南人在海上贸易中的冒险进取："海贾归来富不赀，以身殉货绝堪悲。似闻近日鸡林相，只博黄金不博诗。"闽南人跟温州人、宁波人一样，都是从小商小贩做起，等积累了一定的资金和经验后，他们就不再满足于这些比较传统、利润又小的营生，而是将目光投向风险高、回报大的经营项目。生意越大，越需要大量资金和人脉。闽南人一向比较团结，一个好汉三个帮，通过亲朋好友的资金扶持、人脉提携，生意自然越做越大。

如果一个人不讲信用，就会失去亲戚朋友的支持，那么，即便是再精明的人也无法取得成功。闽南人从小就懂得信誉的重要，取利不忘存义，这也是成功谋福的关键。

讲诚信守道义，能创造财富，是一笔宝贵的无形资产。明代在晋江凤池（今池店镇）有一位叫李五的海商，他为富为仁、善心至上，是闽南杰出先贤。相关的"李五善迹"在府县志书、家史谱牒均有记载，是如假包换的跨界传奇。他善于捕捉商机勤劳致富，又感恩社会，惠及百姓，成就了和谐的家园，后裔延绵，留下了"富不过李五""善不过李五"的佳话。今天，许许多多的闽南商人深谙"善为至宝"的古训。他们在努力前行中，都以力所能及的行动弘扬先贤慈善为怀的优秀传统，彰显闽南"福"文化精神。

闽南人做生意注重共赢互利，他们有豁达的胸襟、开阔的视野，有着文明交往的大格局。他们寻求合作，无论在家乡还是异乡，都是真心实意地与人坦诚相待，充分尊重对方的文化、信仰、民俗和生活习惯。闽商作为历代中国商界中的一支劲旅，从贾人数之众、活动区域之广、经营行业之多、经营能力之强，都是其他商

帮难以匹敌的。他们之所以能在中国商界称雄数百年，得益于世代相传的诚信经营和精诚团结，这也是闽南人的聚福修养。

四、"山海交融"：灵活求达的纳福格局

闽南人是魏晋、隋唐以来南下的中原人与闽南地区原住民经过长期融合而逐渐形成的群体。从中原的角度看，闽南是一个偏僻、生存艰难之地，因而历代王朝对此地往往还有弃守之争。闽南人走向海洋，首先是缘于地少人多带来的生存压力。唐宋后，战乱使得大量移民涌入，闽南有限的耕地已经难以养活更多人口。多山濒海是福建显著的地理特点，"八山一水一分田"的特殊环境，使得当地许多人无可耕之田，只能转向大海谋求发展。

为了生存，闽南人只得以海为田。所谓"闽在海中"，指的是他们向外拓展，征战海洋，灵活求达，体现出"山海交融"的格局。宋代泉州人便从泉州港扬帆出海，北上朝鲜、日本，南至东南亚，最远甚至到达了阿拉伯半岛和波斯湾。背山面海的闽南人，在中原边缘的偏僻之地，用生命开辟出一条海上生存之路。与此同时，向海而生的生活方式也塑造了闽南人豪爽、敢拼敢闯的性格，培养出闽南人灵活求达的纳福格局。

地理环境能够塑造人，能够催生出文化特色。"不同的地理环境与物质条件，使人们形成了不同的生活方式与思想观念。"① 闽南地区背山临海，依山者自山求生存，面海者向海谋发展。生存环境造就了闽南人不安现状的打拼精神以及积极向外的拓展意识。海道凶险，闽南人凭其孤勇脱颖而出，成了时代的弄潮儿，在全球贸易潮流中劈波斩浪。不仅如此，闽南人还把自己的子孙带到南洋和新大陆。虽然，闽南各地有文化差异，但是其骨子里却有着山海交融的共性。一旦有了支点，耕山者同样可以临海，照样可以闯荡江湖，可以漂洋过海，可以"过番"。

---

① 张岱年、方克立：《中国文化概论》，北京师范大学出版社，2011年，第23页。

比如安溪县不靠海，但是为了讨生活，安溪人也和晋江人一样，离乡背井，渡海求生。目前，台湾安溪籍乡民多达 200 多万人，约占台湾地区总人口的 1/10；漳州一半临海，一半靠山，历史上不论耕山还是垦海者，皆有大批乡民跨过海峡，参与开发宝岛，漳州籍台湾乡民也已超过 700 万人。山海交融成为闽南人的典型特征。

闽商的贸易网络四通八达，遍布全球。他们获得财富之后往往会回馈社会。他们做慈善也往往不限于某一块区域，而是超越了国界。闽商致力于通过自己的商业网络将中原地区的优秀"福"文化精神传播到海外，在满足自身发展需要的同时，也会将福泽传播至世界各地，促进当地的社会进步；他们也会将海外的新思想、新技术带回原乡故土，帮助家乡人民建构更加美好的生活。闽商构建的跨地区的全球慈善网络，为中外文化、技术、资金、信息等全方位交流以及中国近现代的经济社会发展做出了不可替代的贡献。

闽南人是中国海洋文化的坚守者，是海上丝绸之路的创建者，也是中国最具商业意识的群体之一。他们的"福"文化观念在经商和为人处世的具体行动中展现出来。他们善观时变、顺势有为，敢冒风险、爱拼敢赢、合群团结、豪侠仗义、恋祖爱乡，这是闽商精神的高度概括，也是闽南人求福得福的秘诀。

五、"闽式教导"：绵延后人的惜福传承

按照中国人的传统认知，纳福之后还要懂得惜福，才能将福气绵延后人。闽南人有自己的一套切实可行的惜福措施，从哲学观、人生观、个人修养、为人处世、择偶观、婚姻观、伦理等方面进行规约，使得眼前之福能够可持续地拥有并发展。我们从闽南地区的一些民间谚语中就可以窥见端倪。

在为人处世层面，闽南人说"鸭母装金原扁嘴"，意思是丑的事物再掩饰也无济于事。即做人要表里如一。"里"，指内在道德修养、文化内涵；"表"，指人表现出的行为举止、言语气质。我们所看到的内外兼修的人，都是通内在的知识积淀和外在的修养，长期自律养成的。闽南人对子女在为人处世方面的教导，正是惜福的表现。

相由心生。多读书，时间长了，脸上会显现出书卷气，会变得文雅起来。有的人相貌平凡，可他的举手投足优雅得体，就会显得高贵，这就是一个人的气质。气质也会改变人的运势。保持好的心态，少生气发怒，不斤斤计较，遇事往宽处想，往远处看。这些都是在为人处世方面切实可行的惜福措施。

在修养心性方面，闽南说"吃紧弄破碗"，就是说做事不要过于心急。要想成事往往是急不得的，忙中更容易出错。工作中我们会发现这样一个有趣的现象：行业翘楚在处理突发情况时往往临危不乱、举重若轻。而那些能力不足的人面对突发情况则总是如临大敌、手足无措。越是有本事的人，做事越不着急；而做事越不着急的人，往往也更有实力。遇到问题毛毛躁躁、急于解决，往往会忽视掉一些重要的细节，越是着急就越是慌乱，人一旦慌乱起来，越会让原本就不太好的事情变得更加糟糕。

真正厉害的人往往明白一个道理：磨刀不误砍柴工。在面对棘手的问题时，他们往往不急于解决眼前的问题，而是先花一点时间认真分析研究，在此基础上再寻求解决方案。焦虑，慌张，着急，只会让事情越来越难办，人生的路越来越窄。人生漫长，未来可期。此刻所经历的一切并非整个人生的缩影，将眼光放长远，以博大的胸怀迎接生命赠予你的一切。无论是艰难的挑战，还是让人安逸的享受，都一并接受。快乐时就好好享受当下的欢愉，难过时就好好释放内心的情绪，时间一点点过去，这所有的一切终将成为人生路上美好的回忆。

在婚姻观方面，闽南人认为，婚姻能够影响一个人后半生的运势与福气。闽南人所倡导的婚姻观对惜福大有助益。闽南人重视婚姻生活的质量，在择偶时强调"人美毋配饭，心美赢过鸭母生金蛋"，即与美貌相比，心善更重要。所以，在闽南形容一个好女子一般用"贤惠""美德"这样的词,而不是说"漂亮"。又有俗语"打破人姻缘,万世拖屎连(麻烦多)"。姻缘被闽南人视为可贵难得的缘分,不能任意破坏他人的婚姻,否则是自损福报。再如:"两人没相嫌,糙米煮饭也会黏",意思是夫妻相互包容,日子才能融洽幸福。

成家后要学会勤俭持家,闽南人说:"水停百日生虫,人闲百日生病"。意思是水没有流动,就是一潭死水,人没有劳动就会浑身是病。勤劳致富,是亘古不变的真理。"全家勤,厝前厝后出金银。""勤勤俭俭粮满仓,大脚大手仓底空。""钱来趁到手,毋通(不要)大虾配烧酒。"这些都是关于勤俭的劝导。

在人生观方面,闽南有句谚语说:"一人苦一项,无人苦相同。"所谓家家都有本难念的经,每个人都有不同的挂碍。世事无完美,如同月有圆缺变化,不过于执着,才能有快乐的人生。又言:"月到中秋分外明,人到中年事业成。"要正确把握人生的发展规律,水到渠成,乐观看待人生发展。再言:"仙人打鼓有时错,脚步行差谁人无。"人非圣贤,孰能无过,及时修正,善莫大焉。人的成长就是慢慢从失败中得来的。闽南人珍视人生经验与感悟,并言传身教给后代儿孙,以此惜福传福。

第三节　闽都神韵:"有福之州"

福州,是福建省的省会城市。福州依山傍海,气候宜人,绿树常青,因"州北有福山",所以故称福州。福州在地理上就占据优势。明朝的《闽都记》有言:"福州三峰(屏山、乌山、于山)峙于域中,三绝标于户外……襟江带湖,东南并海,二潮吞吐,有河灌溢,山川灵秀,所都逢兵不乱,逢饥不荒……海滨邹鲁,而自古记之。"[①] 福州,有着2200多年的历史,五代时扩建城池,将风景

---

① 黄安榕:《福州人杰》,鹭江出版社,1998年,《序》第1页。

秀丽的乌山、于山、屏山圈入城内，从而使福州成为"山在城中，城在山中"的独特城市。北宋时，福州太守张伯玉号召百姓普遍种植榕树后，满城绿荫蔽日，暑不张盖，故有榕城的美称。所以，榕树成了福州市树。福州居民以汉族为主，还有畲、满、苗、回等二十多个少数民族。而且，福州位于闽江下游，是全省政治、经济、文化中心。福州也是祖国大陆离台湾最近的省会城市，是我国著名的侨乡和台胞祖籍地，更是海峡两岸交流合作的福地。

一、文化之福

福州位于祖国东南，西北多山，东南濒海，其所孕育的闽都文化独具特色，林则徐、沈葆桢、严复、林觉民、林徽因、冰心等文化大家皆生长于福州。宋代以来，伴随着全国经济重心南移，以及商品贸易的发达和新商路的开辟，福州渐成东南都会，文化教育尤其发达，位列当时全国十大城市，具有深厚的文化底蕴。

在2200多年的时光里，福州涌现了一大批人杰。他们分别在政治、军事、思想、经济、文化发展等方面做出了巨大的贡献，业绩载入史册。《福州人杰》一书中曾遴选出50余位福州名人，笔者将其整理如下：

序号	人物	身份概要
1	无诸	闽越王，越王勾践后裔，闽越族历史上第一位统帅。
2	董奉	杏林始祖，长乐人，东汉的名医，有"董仙杏林"之称。
3	王审知	"开闽王"。
4	蔡襄	福州郡守，今仙游人，官至端明殿学士。政治家、书法家。
5	陈襄	理学前驱，闽侯人，著有《古灵集》《易义》《中庸义》《州县提纲》《郊庙奉祀礼文》等。
6	许将	宋代福州的第一个状元，闽侯人。
7	李宏	宋代水利工程专家，闽侯人。主要功绩是建筑木兰陂。
8	陈旸	北宋音乐理论家，闽清人。

（续表）

序号	人物	身份概要
9	张元幹	南宋爱国词人，永泰人。他和父辈兄弟五人皆为显臣，人称"丹桂五枝芳"。
10	黄榦	宋代儒者，朱熹理学的继承人，长乐人。
11	郑思肖	宋末诗人，连江人。
12	林鸿	明代闽中十才子之一，福清人。
13	高棅	明代闽中十才子一，长乐人。
14	王偁	明代闽中十才子一，永泰人。
15	王恭	明代闽中十才子一，福州人。
16	王褒	明代闽中十才子一，福州人。
17	郑定	明代闽中十才子一，长乐人。
18	陈亮	明代闽中十才子一，长乐人。
19	唐泰	明代闽中十才子一，福州人。
20	周玄	明代闽中十才子一，福州人。
21	黄玄	明代闽中十才子一，将乐人。
22	张经	明代抗倭名将，闽侯人。
23	翁正春	明代东林巨魁，闽侯人，官至礼部尚书。
24	董应举	明代官员，连江人，兴利除患，著有《崇相集》。
25	叶向高	明代政治家，福清人，曾任礼部尚书。
26	谢肇淛	明代博物学家，长乐人，官至广西右布政使。
27	陈振龙	明代商人，引种番薯第一人，长乐人。
28	曹学佺	闽剧鼻祖，闽侯人，经典之作是《紫玉钗》。
29	郑成功	明末清初名将，南安人，曾收复台湾。
30	陈梦雷	清代著名学者，闽侯人。
31	沈绍安	清代脱胎漆器创始人，闽侯人。
32	林则徐	清代政治家、思想家，曾发起虎门销烟，闽侯人。
33	左宗棠	中国近代海军主要奠基人，曾在福州创办船政局。
34	黄乃裳	清末民初华侨领袖、民主革命家，闽清人。
35	严复	近代思想家、教育家，福州人。

(续表)

序号	人物	身份概要
36	萨镇冰	中国近代著名海军将领，生于福州。
37	林森	中国近代政治家、民主革命家，闽侯人。
38	高梦旦	编辑出版家，功成不居的学者，长乐人。
39	萧治安	外科专家，福州人。著有《澳桥山馆医话》《民间草药单验方》。
40	方声洞	革命家，福州人。在广州黄花岗起义中牺牲。
41	林觉民	中国民主革命先驱，闽侯人，"黄花岗七十二烈士"之一。
42	陈绍宽	中国近代海军将领，闽侯人。
43	侯德榜	中国科学院院士，我国制碱工业的奠基人，闽侯人。
44	林祥谦	中国工人运动先驱者，"二·七"英烈，闽侯人。
45	陈子奋	著名画家，国画大师，长乐人。
46	郑振铎	现代文学家，革命烈士，长乐人。
47	陈岱孙	经济学家、教育家，福州人。
48	郑奕奏	闽剧表演艺术家，长乐人。
49	胡也频	作家，"左联"烈士，生于福州。
50	郭化若	开国中将，福州人，著有《郭化若词选》《孙子兵法今译》。
51	高士其	科普作家、化学家、生物学家，中国科普事业的先驱，福州人。
52	邓拓	无产阶级革命家，博学多才的新闻工作者，闽侯人。
53	陈景润	数学家，福州人。

除了孕育了大批先贤，福州还保留了大量的文物古迹，以物质的形态承续"福"文化。"保护好古建筑、保护好文物就是保存历史，保存城市的文脉，保存历史文化名城无形的优良传统。"2002年，时任福建省省长的习近平在《福州古厝》序言中写道。2021年，习近平总书记在福州考察调研时再次强调："对待古建筑、老宅子、老街区要有珍爱之心、尊崇之心。"福州是一座重文的城市，一片三坊七巷，就是半部中国近代史。三坊七巷起于晋，完善于唐五代，至明清鼎盛，衣锦坊、文儒坊、光禄坊之三坊，杨桥巷、郎官巷、塔巷、黄巷、安民巷、宫巷、吉庇巷之七巷。这里基本保留

了唐宋遗留下来的坊巷格局和大量明清古建筑，其中各级文物保护单位29处，被誉为"里坊制度的活化石""明清建筑博物馆"。

福州市对三坊七巷展开了修复保护工作，累计投入50亿元，修复面积约26万平方米。修复后的坊巷样式古雅，透着浓浓的旧日王朝气息，仿佛秦砖汉瓦。

最早一位定居于三坊七巷的名人，是唐末诗人黄璞，黄巷因此而得名。1832年，清代高官梁章钜买下了黄璞住过的旧居，筑雪洞、叠假山，又建东园，焕然一新，藏书楼却不称梁楼，而称黄楼。三坊七巷里文人间的交往让人羡慕。光禄坊的玉尺山房，宋代福州知府程师孟留下过"光禄吟台"四字；1850年，知名学者叶敬昌邀林则徐于此放鹤，留下"鹤蹬"两字纪念；同治年间，玉尺山房归文史名家郭柏苍，著述宏富。再然后，房主人换成了沈葆桢的女婿李端，他的儿子李宗言、李宗祎好诗，成立了一个诗社，每月聚会四五次，坚持了十年。十九位诗社成员中，包括了后来名满天下的翻译家林纾，同光体代表性诗人郑孝胥、陈衍。说同光体闽派诗风诞生于此，也许并不过分。

陈衍与郑孝胥曾经都住在三坊七巷，相隔不远。郑孝胥故居在衣锦坊洗银营1-4号。陈衍故居在大光里15号。陈衍于1905年买下此屋，但他常年旅居在外，晚年回家修志，才一住十余年。他写诗自况："谁知五柳孤松客，却住三坊七巷间。"大光里与早题巷相接，是沟通文儒坊和光禄坊之间的支巷。这两条巷子特别小，幽静，却是诗人作家扎堆的地方，文采风流，让人忍不住久久徘徊。从陈衍故居拐入早题巷4号，数十步外是清初大诗人黄任的故居，黄任好砚，书房就叫十砚斋。1936年春，著名作家郁达夫宦游福建，也住过早题巷，次年则与王映霞在光禄坊30号刘宅赁屋居住。

陈衍故居对面，是文史名家何振岱的故居。何振岱是《西湖志》的总纂，也是《福建通志》的协纂，诗歌也作得好。很难相信天下有如此凑巧的事。笔者通过查阅资料了解到，原来何振岱是为了串门方便，于1910年特意购买此屋，赶来做邻居的。两位大诗

人都长于文史，日夕对坐，想必有说不完的话题。三坊七巷里的每一幢房屋都留下了许多故事。短短几步，就让我们走进历史深处，在各个年代间来回穿梭，让我们进入一个个活生生的历史人物的心灵世界。

二、美景之福

福州作为著名的旅游城市，拥有着丰富的自然和人文资源。如果你喜欢登山，可以去鼓山、旗山、青云山，几乎周边的每一座山岭都是不错的游玩景点；如果你喜欢玩水，可以游西湖、左海，赏闽江两岸风光，还可以到平潭、长乐去赶海观潮；如果你喜欢看古迹，福州有着2200多年的历史，古建筑、古寺庙、名人故居众多，一定会让你大饱眼福。

福州的市花是茉莉花，夏天是茉莉花盛开的季节，很多的司机师傅都喜欢买一串挂在车内，既净化了空气又装饰了车厢，一举两得。茉莉花最早来自波斯，也就是现在的印度、阿拉伯一带，西汉传入中国，在福州落户，所以福州有着2000多年的茉莉栽培历史。茉莉花是舶来品，是福州海洋文化的见证。由此可见，福州早在汉朝时就有着海外贸易往来，而且，从古至今，福州都是我国重要的国际商贸城市。

福建全省森林覆盖率达65.1%，连续44年居全国首位，率先实现森林城市全覆盖。百姓在家门口尽享绿色福利。福州特色慢行道全长33.5公里，包含"福道""吉道""乐道""文道"，串联起省体育中心、屏山公园、西湖左海、金牛山福道、福山郊野公园等，将市中心景观和山野闲趣相融合。古人说："山不在高，有仙则名，水不在深，有龙则灵。"而城不在大，有水则灵。福州是中国内河密度最大的城市，拥有100多条内河。根据规划，这些河道将被分为风景观赏河道、通航河道和排水河道，届时，人们就可以坐在船上观赏福州的市容了。

第四节　客家人的"安宁康健"

客家人的"福"文化观念体现在安宁康健,具体表现为三个方面:其一是美食之福;其二是客家女性秉承的勤勉传福;其三是敬神感恩的游龙作福。

一、美食之福:舌尖上的客家

民以食为天,能吃、会吃是福。一方水土养一方人,一方水土孕育一方佳肴。福建是客家人的聚集地之一,主要分布于闽西和闽南的龙岩、漳州等地。其中龙岩有80%的人口是客家人,长汀被称为"客家首府"。客家菜亦称东江菜,其保留了中原客家人的饮食风味,食材以肉类为主,以盐定味。在以前物资缺乏的年代,福建客家人会把珍贵的猪肉或是蔬菜腌渍起来保存,延长食用时间。客家咸猪肉便是如此。将新鲜的五花肉以蒜末、蒜头、盐以及各式调味料和香料腌渍两到三天,即成咸猪肉。腌制后的咸猪肉可以进一步加工成各式菜肴。

"在客家人解决了温饱之后,客家食材用料由原来的纯野生发展到以家禽和野味为主,在烹饪方式上也由原来的炭烤翻炒发展到蒸、煲、炖、煮,在营养价值方面,则更加注重食物的滋补功效,讲究四时节气,并且产生了'冬羊、夏狗、春鸡、秋鸭'的养生学之说。"[①] 客家菜有"无鸡不清,无肉不鲜,无肘不浓"的说法。盐焗鸡是一道传统的客家菜,深受客家人喜爱。客家盐焗鸡制法独特,香味浓郁,皮爽肉滑,色泽微黄,骨肉鲜香,风味诱人。"鸡"与"吉"谐音,客家人的筵席上第一道菜一般就是鸡,取吉祥之意。

---

① 杨主泉、杨满妹:《客家美食文化》,中国轻工业出版社,2019年,第11—12页。

酿豆腐也是客家名菜,是逢年过节必备的一道待客佳肴。新鲜上桌的客家酿豆腐软、韧、嫩、滑、鲜、香,呈浅金黄色,豆腐鲜嫩滑润,肉馅美味可口,再淋上浓郁醇厚的汤汁,让人垂涎欲滴。"酿"与"让"谐音,"腐"与"富"谐音。这道酿豆腐取"谦让"和"富裕"之意。客家人在家有喜事或逢年过节时都喜欢吃这道菜。

客家人爱吃、会吃,口福满满。口福是人生中最重要的福气。大道至简,客家人将对福的期盼藏在这一道道美食之中。

二、勤勉传福:"勤俭布娘"的持家智慧

特定的历史背景和山区艰苦的生活环境,使客家女性成长为迥异于汉民族各系的特殊的群体。他们是汉族女性中独特的一群,她们用乳汁哺育着这个多难的民系,她们用勤劳、朴实和智慧延续着千年不衰的客家文明。

客家妇女在长年累月的社会实践中形成了坚韧的性格、勤俭刻苦的优秀品质。客家童谣中唱道:"一岁娇,二岁娇,三岁拾柴爷娘烧。四岁五岁学绩麻,六岁七岁纺棉纱。八岁九岁学绣花,十岁绣个牡丹花。"童谣反映出客家女自小自立自强、勤勉聪慧的精神风貌。客家人认为福生于勤俭,真正的福气来源于勤劳和节俭。一个勤俭节约的家庭,未有不兴的。

在客家人中还流传着歌谣《勤俭布娘》:"勤俭布娘,鸡啼起床。梳头洗面,先煮茶汤。灶头镬尾,端端光光。煮好早饭,刚刚天光。洒水扫地,担水满缸。吃过早饭,洗净衣裳。上山砍柴,急急忙忙。淋蔬种菜,蒸酒熬浆。纺纱织布,不离间房。针头线尾,收拾柜箱。不说是非,不敢荒唐。有鱼有肉,不敢先尝。开锅装起,先奉爹娘。爱惜子女,如肝如肠。留心做米,无谷无糠。人客来到,先敬茶汤。有事询问,细声商量。鸡蛋鸭卵,豆豉酸姜。有米有谷,晓得留粮。粗茶淡饭,老实衣裳。越有越俭,不贪排场。若无米煮,推雪经霜。有买有卖,不蓄私囊。不偷不窃,辛苦自

当。不骂丈夫,不怨爹娘。子女大了,送进学堂。教育成人,艰苦备尝。此等妇女,正大贤良。人人说好,久久流芳。"① 这首歌谣是对客家年轻女子的教化歌。"客家人在'聚族而居'的历史背景下,形成了非常重视家庭教育的传统。作为一个重教化的民系,家教摆在第一位,当是顺理成章的。"② 这首客家歌谣说的是对客家女人品行方面的具体要求。

由于"客家男主轻视务农和家庭劳动,崇尚读书和出外谋生"③,客家女从小的时候就学会做各种家务,农活家务一肩挑。今天的客家女仍然不知疲倦地为家庭默默付出,把家庭打理得井井有条。客家人承袭着"好女人会旺三代"的观念,认为一个好女人能给一个家庭带来幸福,影响丈夫和孩子的运势,是一个家庭最大的福报。

三、游龙作福:敬神感恩来求福

龙是中华民族的图腾。传说龙能行云布雨,消灾降福,象征祥瑞,所以以舞龙的方式来祈求平安和丰收就成为中国各地共通的习俗。位于福建龙岩连城县的姑田镇"游大龙"活动距今已经有400多年的历史,其游龙有"天下第一龙"之称。游大龙是当地客家人的一项传统闹元宵民俗活动,意在祈求风调雨顺,国泰民安。"大龙出游程序很复杂,从接'出寨公爹'到供奉,从祭拜龙头到龙头起驾,从接龙到出游,从'龙头出囊''龙头入囊'到烧龙,整个过程有乐队伴奏,铳炮齐鸣。正月十四、十五两个夜晚,到姑田就可一睹大龙出游的盛况。60多节、200多米长的大龙,或蜿蜒于乡间村野,或穿行于大街小巷,腾挪起伏,活灵活现;男女老少趋之

---

① 马卡丹、天一燕:《客家故里》,海峡文艺出版社,2016年,第198页。
② 谭元亨:《客家与华夏文明》,华南理工大学出版社,2003年,第193页。
③ 转引自罗勇等主编:《客家文化特质与客家精神研究》,黑龙江人民出版社,2006年,第373页。

若鹜,相随观看,游龙队伍浩浩荡荡达数里之长,热闹非常;所到之处,家家门前燃松明,点香烛,摆果茶,放爆竹。"① 上百节的大龙需要上千个壮劳力来舞动,人丁越旺,龙越长,诠释了团结协作、凝聚一心的客家精神。

姑田镇因为"游大龙"而闻名遐迩,吸引了来自各地的游客前来观看。在散发着初春泥土芬芳的田野里,来自各地的数万游客聚来。一条200多米长的大龙环着道路游走。高大雄壮的龙头令人眼前一亮,色彩斑斓的龙身蜿蜒盘桓在道路上,浩浩荡荡十分壮观。龙身上除了画有龙鳞和云彩外,还会画上双龙戏珠、丹凤朝阳、梅兰竹菊、牡丹芍药、八仙献宝、仙姬送子、雄鸡白鹤、奇花异卉、鲤鱼跳龙门等等,画工技术代代相传,久经不败。大龙所到之处家家户户备好丰盛的果馈、茶歇、禽肉,焚香燃炮欢欢喜喜迎接大龙。整条龙色彩斑斓,灯光闪烁,焕发生机,彰显龙马精神,表达了客家人渴望团结安定,五谷丰登,百业兴旺的夙愿。

第五节　承德传善的福建家训

家风是一个家庭或家族的传统风尚,也是一个家庭的生活方式、文化氛围。家训,是家中长辈对后代的训诫教诲,他们以毕生之经验指导晚辈少走弯路。从氏族大家文字化的家训,到普通家庭父母长辈的一言一行,家规家教形式虽不同,传递的都是一个家庭或家族的道德准则和价值观。

万丈高楼始于基,一个人价值观形成的起点是家风家训。家风家训就是一个人成长的地基,也是个人和家庭累积福报的开始。"家训的载体形式很多,如书信、族谱、祠堂、节日等,体现一个家族的核心价值观,指向一个家族的价值追求和精神信仰。家族通过对子孙的训诫引导而形成家族风气,一个时代、一个地区的家

---

① 徐维群:《客家文化符号论》,厦门大学出版社,2016年,第50—51页。

训，小到塑造家族风貌，大到影响地区精神风貌，反映社会意识形态。"① 从先秦到明清，中国古代流传下来的家训可谓汗牛充栋，有些堪为经典，国人家喻户晓。中国古代有"遗儿千秋富贵，莫若良言一句"的说法。福建流传着很多著名的家训，这些家训寄托着福建人的人生信仰和家国情怀。我们能够通过赏析福建家风、家训，感受传统"福"文化的缩影和延续。

自古至今，从城市到乡村，家风文化源远流长。俗话说"家国一体"，"家"是最小的"国"，"国"由千万个"家"构成，因此，家风家训也在岁月的积淀中自然而然地成为中华文化的重要内容。从宋代开始，福建就涌现了大批名人先贤，如朱熹、蔡襄、杨荣、黄道周、李光地等。"1840 年至 1949 年这一历史时期，福建出现了大量的名人，如爱国英雄林则徐、严复、萨镇冰、林觉民、邓子恢、张鼎丞、红色军医傅连暲、爱国华侨陈嘉庚等。他们留下大量的家训资料已经超出一家一训的教化功能，形成具有时代特色的精神内核。"② 当代作家马伯庸曾言：一个家族的传承就像是一件上好的古董，它历经许多人的呵护与打磨，在漫长时光中悄无声息地积淀，慢慢的，这传承也如古玩一样，会裹着一层幽邃圆熟的包浆，沉静温润，散发着古老的气息。古董有形，家训无质，它看不见，摸不到，却渗透到家族每一个后代的骨血中，成为家族成员之间的精神纽带，甚至成为他们的性格乃至命运的一部分，更是一个家族纳福的根基所在。

一、训以治家

家训作为中国传统文化的重要组成部分，在历史上对个人的"修身""齐家"发挥着重要的作用。家训是家庭成员言行的方向

---

① 龙慧：《近代福建优秀家训的思想内涵及其"新时代"价值》，《汉字文化》2022 年第 18 期，第 196 页。

② 同上。

灯，在一定程度上反映了一个家庭的价值观、世界观，也体现了长辈的道德水平。

家训的第一大功能是治家。

远古时代，人类社会的基本单位经历了由氏族、家族到家庭的变迁。这些都是形成一个国家的基石。在国家不安定和国法不明确之际，家训即可发挥稳定社会秩序的力量。汉代以后，家训著作随着朝代更迭而日渐丰富，许多治家教子的名言警句成为人们倾心企慕的治家良策，"修身""齐家"的典范。例如"一粥一饭，当思来之不易"的节俭持家思想，在今天看来仍有积极意义。当中有些流传百年的名训，如颜氏家训、朱子治家格言等，至今脍炙人口。

古时几乎每个大家庭都有家训。"家庭和睦、长幼有序。和文化是我们中华传统文化中的核心要素，家庭和睦是万事兴的基础，家庭和睦在于协调好家庭成员的各种关系。"① 家训之所以为世人所重，因其具有治家的作用。此外，家谱记载着一个家族的世系繁衍和重要人物事迹，作为后代的榜样。

以宋代福建莆田人林英的家训为例，他家的家训总体上可以概括为四个方面："一要谨行言信，入孝出悌，确守廉洁，广施恩惠，闻义必从，有过必更，道人为善，不矜己长，莫揭人短，莫毁他能，处友必端，毋交匪类。二要精读诗书，博览史册，射御书数，闲以琴瑟，教饰子女，勤课耕织，严恭祭祀，礼待宾客，洒扫门庭，葺理庐室，条限依期，毋忝尔祖。三要贫而无谄，富而不骄，隆师重道，亲贤取友，奋发下惟，光前裕后。四要节朔往来，庆吊馈遗，患难相周，轻财重义，会聚尚齿，言行忠信，耕则逊畔，行则逊路，为人息争，和众集事。"② 陈嘉庚则在家训中提到："家庭

---

① 孙佳圆：《中华传统家训中的德育内涵及时代价值》，《红河学院学报》2023年第2期，第55页。

② 中共福建省委文明办、福建地方志编纂委员会、福建省妇女联合会编译：《福建家训》，海峡文艺出版社，2014年，第69页。

之间，夫妇和好，互谅互爱；治家之道，仁慈孝义，克勤克俭。"①家是最小国，国是千万家。治家是一份长久的事业，也是一份义务。家治好了，可以富家，福荫后世。

二、训以育人

家训的第二大功能是育人。

好的家训不仅能成为孩子成长的指路明灯，而且在无形中塑造着孩子的三观和品格。朱熹写过一篇《童蒙须知》，专门谈儿童启蒙教育。文中说："夫童蒙之学，始于衣服冠履，次及言语步趋，次及洒扫涓洁，次及读书写文字，及有杂细事宜，皆所当知。"②看似简单的一句话，其实有极其深刻的意义：起床洒扫才是一天的开始，家务整理好了，这一天就算有了好的开始，生活才会更加顺畅。福气的积累要见微知著，培养一个人要从最简单的细节入手，着装规矩、言行端正、装扮整洁、掌握基本的读写技能，还要懂得处理其他生活上的杂事。

《状元林震家训》强调："凡林子孙，父慈子孝，兄友弟恭，夫正妇顺。内外有别，尊幼有序。礼义廉耻，兼修四维。士农工商，各守一业。气必正，心必厚，事必公，用必俭，学必勤，动必端，言必谨。事君必忠告，居官必廉慎，乡里必和平。"③家风好，才能培养出品行端正的孩子。家训并不是一句空话，它直接反映了一个家族的道德风貌和品格修养，它引导了整个家庭的风气，并且代代相传。

福建籍近代教育家严复在《与甥女何纫兰书》中写道："不要因为有害的事情较小就去做，因为没有小而有害的积累就不会伤身；不要因为有益事情较小就不去做，因为没有小而有益的积累就难以康健；不要只嗜好爽口的食物，饮食要节制、要精细；不要因

---

① 《福建家训》，第 46 页。
② 《福建家训》，第 3 页。
③ 李彬源、郭丹主编：《八闽家训读本》，福建人民出版社，2017 年，第 82 页。

为眼前的嗜欲,而导致将来的病痛。"① 他要求晚辈要时刻怀着自省自查的心,不断改正自身不足。北宋著名的理学家杨时在家训《勉学歌》中告诫后代要珍惜学习时间,规范言行。他认为:"行己慎所之,戒哉畏迷方。舜跖善利间,所差亦毫芒。富贵如浮云,苟得非所臧。贫贱岂吾羞,逐物乃自戕。"② 他觉得富贵荣华就像天上的浮云,不能一味追逐物质的享受。

福建家训的育人作用还体现在对后代忠孝仁心的塑造方面。北宋福建籍文学家蔡襄有言:"事父母之道曰孝,天之性也;事君上之道曰忠,人之义也。"③ 南宋名臣陈俊卿在家训中强调忠孝仁心。他说:"事亲必孝,待长必敬。兄友弟恭,夫义妇顺。冠婚丧祭,秉礼必慎。学文必功,习武必勤。治国必忠,治家必严。居功毋骄,见恩必谢。士农工商,择术必正。……毋作非法,而犯典刑。毋以众而暴寡,毋以富而欺贫。毋以赌博而荡产业,毋以谣辟而坠家声。制行唯严于律己,处世当宽以绳人。"④ 南宋学者李侗的《家训八要》也特意将忠与孝列入其中。

三、训以养德

家训的第三大功能是养德。

明代文学家杨荣(今福建建瓯人)认为:"种德贻后昆,毓庆而种瑞。我父克承之,仰报恩罔极。嗟我服遗训,先业恒坠致。侧身入郡庠,奋志取科第。"⑤ 意思是以家训的形式将美德传给后代儿孙,家训中承载着喜庆与祥瑞。清末文史学家江春霖(福建莆田人)在《半耕书室自跋》中告诫后代子孙:"食旧德,服先畴,入

---

① 《福建家训》,第38页。
② 《福建家训》,第55页。
③ 《福建家训》,第12页。
④ 《福建家训》,第78页。
⑤ 《福建家训》,第17页。

为肖子，出为良臣。先大夫九泉之灵庶几稍慰也夫。"① 他将书房命名为半耕书屋，就是在提醒自己和家人，不能忘记耕种田地的艰辛，要感念先人的恩泽，体味百姓疾苦，提升品行。

人生中的很多难题，都能在这些家训中找到答案。"福建家训中的德育内容，或孝敬父母、尊长尚义，或重教谦逊、诚实守信，或和睦亲族、勤俭节约，或自强不息、艰苦创业。"② 如果将这些家训牢牢记在心里，不用担心他会成为糟糕的孩子。父母都希望孩子未来成为一个有教养的人，而教养来源于家庭。给了孩子锦衣玉食的物质生活，也不能忘记给孩子上品德课，告诉孩子应有所为、有所不为。福建先贤、民主革命先驱邱峻在家训中提出："贪为人道坏根，看几多败名丧节，错此关头，虽孝子贤孙尚遗有臭。贫是吾家本色，但各能立志成才，掌斯门户，即布衣粗饭亦足自豪。"③ 他告诫儿孙：贪婪是人性的罪恶根源，有多少贪腐之徒最终落个身败名裂，丧失节操，虽是孝顺父母而有能力的子孙，也会留下臭名；过清贫生活是我们家族的本色，但必须努力学习立志成才，管理好各自门户，即使是粗衣淡饭，也应当感到富足自豪。

在待人接物方面，《朱熹家训》中有言："慎勿谈人之短，切莫矜己之长。仇者以义解之，怨者以直报之，随所遇而安之。人有小过，含容而忍之；人有大过，以理而谕之。"④ 宋代福安人陈最在其家训中还特意提到了待人接物方面。"一凡与宾客及尊长、卑幼、君子、小人相接，仪节固有不同，咸不外乎敬而已矣。若待尊长必须言温而貌恭，情亲而意洽。尊长或不我爱，益加敬谨可也。待卑幼又在自敬其身，苟能尊严正大肃矩整规，则为卑幼者修饬畏惧之不

---

① 《福建家训》，第 131 页。
② 刘美霞：《福建传统家训中的德育思想》，《海峡教育研究》2016 年第 3 期，第 48 页。
③ 《福建家训》，第 135 页。
④ 《福建家训》，第 1 页。

暇，孰得而千犯之耶。或琐碎亵押，便无忌惮矣。待君子之敬，根于心，百凡相见，往来交际之礼俱宜从厚。其敬始伸，稍薄则为慢矣。待小人则不然，外若敬而内则疏，包容退让，宁受亏一分，使之自满自愧，于我若无所损。若与之争竞较量，一旦弃绝或发其阴私，斥其过恶，彼必终身怀怨，不至中伤而不止耳。"① 这段话是提醒族人如何面对不同的人，包括尊长、卑贱、幼小、君子、小人，提出具体的建议：对尊长要谦和恭敬；对卑贱和幼小要尊严正大合乎规矩；面对君子应当敬重，要礼数周到；面对小人则要适当退让，保持内心的疏远，宁可吃亏也不正面较量，否则会消减自身的福气。

　　福建家训中传播的忠孝仁心、勤俭持家、廉洁奉公、谦虚礼让、积善修德等优秀传统价值观念，培育了无数贤明卿相、威猛将帅和文化名流。优良品格的养成，离不开家训的宣教。家风清，则社风清。家庭是社会的细胞，家风良好，社会和谐，国家兴旺。而家风又需家规家训的规范与落实，并使其融入国家法治社会的大道铺垫之中。福建家训，是中华民族传统文化的瑰宝。随着社会的发展，家族的繁荣，家风家训也必须审时度势，与时俱进，不断加以完善和充实，使这几千年传之不朽的"福"文化瑰宝绽放出更加绚丽的光彩。

---

① 《福建家训》，第294页。

第五章 吉事有祥：福至心灵万物现

祥瑞在中国又称福瑞，就是指吉祥的征兆。儒家把祥瑞阐释为能够传达天意并且对人们有益处的一些特殊的自然现象。譬如地出甘泉、珍禽异兽出没、彩云显现、风调雨顺等，都被认为是祥瑞的表现。

祥瑞在古代具有政治功能。天地自然，既被人所敬重，同时也令人恐惧，而祥瑞出现，既是一种附和，更是心理上的安慰。对于一个需要证明执政合法性的帝王来说，祥瑞与其说是表面看来的锦上添花，还不如说是雪中送炭。史书中常言，古代的皇权没有想象中那么一言堂。大臣对皇帝表达不同意见，除了靠口才，还有一个办法，就是靠解释或设置祥瑞或灾异。这是在人类对自然认识不足和改造能力不足的情况下，试图与自然互动、对话，甚至是加以利用的一种办法。

时过境迁，祥瑞在今天早已经没有了稳定统治的政治作用，更多的是作为一种期盼幸福生活的物化体现（比如说吉祥物）、一种人际沟通方式（比如吉祥话）。

第一节 吉祥物："福"文化观念的物化体现

吉祥物是我国传统"福"文化观念的物化形态，是人们对幸福生活的寄寓。"古代原始部落迷信某种保护神灵，将神灵形象化，用来作为本族的徽号或者象征。图腾形象对原始氏族部落来说，就是一种带有神灵力量的吉祥物……从这些吉祥物上，可以窥知中华民族传统风俗和生活方式。人们创造吉祥物，通过转化事物属性、谐音取意、加工神话故事等手段，使吉祥物的形象不仅富有吉祥内涵，而且意趣无穷，体现出古代人们的无穷智慧。"① 我们远古的祖先们面对不可控制的各种自然现象，产生了敬畏感，因而创造了大量具有"福"文化象征意义的吉祥事物，譬如植物中的芝兰（象征高洁）、磐石（代表坚定）、竹子（象征正直）、萱草（象征母爱和忠诚）和椿树（象征长寿）就并称"五瑞"，动物中的麒麟、龙、凤凰、龟、白虎并称"五灵"，都表达着追求美好生活的朴素愿景。

"福"存在于民间的各种物质载体之中。"随着'福'文化的广泛流传，福建民间传统艺术领域也出现许多与之密切相关的艺术元素。除了戏曲和歌舞之外，在木雕、石雕、漆艺、瓷雕、泥塑、剪纸、年画乃至书画等领域，'福'文化的影响无处不在。在这方面，尤以明清至近代福建民间各类木雕、石雕、漆艺、年画等传统装饰艺术领域展现的各种祈福题材图案最为丰富，最具特色。其构图的主要物象有福禄寿三星、天官、蝙蝠、龙、凤、麒麟、象、鹿、牡丹、月季、梧桐、荔枝、佛手、石榴、灵芝、瓜瓞、如意等。"② 通过象征、借喻、谐音等手段赋予这些形象丰富多彩的"福"文化内涵，生动有趣。这些传统祈福图案从侧面展示了福建"福"文化的历史面貌。这些都可以视为吉祥物。

---

① 颖君编著：《吉祥中国：传统吉祥文化常识》，中国华侨出版社，2019 年，第 7—8 页。

② 林蔚文：《福地福人居：福建"福"文化漫谈》，《福建日报》2022 年 1 月 25 日，第 12 版。

一、祈愿载体:"锦鲤"式崇拜

"鲤跳龙门的美好神话故事,使人们在鲤身上寄托奋发向上的精神及望子成龙的期盼。"① 在我国,鲤鱼自古就是吉祥美好的象征。公元前532年,孔子的妻子生下一个男孩,鲁昭公派人送来一条鲤鱼庆贺,于是,孔子给儿子取名为孔鲤,字伯鱼。春秋时期,范蠡辞官返乡,养鲤鱼致富,还亲自写了一本《养鱼经》。

唐代,锦鲤成为观赏鱼,并且被尊为"国鱼",地位崇高,被禁止食用,甚至野外误捕鲤鱼也要立即放掉。因为"鲤"字的发音与唐代皇室的"李"姓同音,所以当时形成了特殊的鲤鱼文化。"在朝,皇帝和达官显贵身上佩有鲤形饰物,朝廷发布命令或调动军队,也用鲤鱼形状的兵符;在野,百姓不能杀食鲤鱼,连饲养它也是对皇室家族的亵渎;任何人提起它也不能直呼其名,得改称'我鲜公'。"② 从古至今,吉祥物寄托着人们消灾祛邪、万事顺遂的美好愿景。人们通过吉祥物来进行自我暗示与疗愈,试图借助锦鲤、孔明灯、大阿福、龙、麒麟、龟等物化的"福"文化载体去找到生活的确定性和着陆感。

类似锦鲤的吉祥物很多,譬如我国的十二生肖,都属于吉祥物。又如:燕子(富贵)、蟾蜍(聚财)、鸿雁(忠贞)、蝙蝠(福)等都是带有吉祥寓意的动物。吉祥植物的代表如桃子(长寿)、金橘(纳财)、佛手(聚财)、月季(红火)、梧桐(灵性)、红豆(情深)、甘蔗(高升)、橙子(事成)、葡萄(多子)等。吉祥物出现在我们生活的方方面面。"2022年的冬奥吉祥物冰墩墩选取了中国国宝熊猫的形象,极具本土特色;2008年北京奥运会福娃的设计母体来自中国最具代表性的五个生灵——虎、熊猫、羚羊、燕子、

---

① 杨志强、李潇轩、殷悦、丁玉、陈建清、李志辉、段贵平:《鲤——锦鲤文化传承与发展》,《水产养殖》2022年第11期,第77页。

② 阿饼:《锦鲤本鲤进化论》,《新周刊》2019年第2期,第46页。

鱼，各有寓意。"① 无论是花木鱼虫还是飞禽走兽，凡是寄托幸福寓意的都是中国人眼中的吉祥物。

二、镇宅摆件：具有仪式感的传统物件

"镇宅属于意识民俗范畴，不同时代，不同地域，不同习尚，演绎出不同的形式和内容，不过都是为祈求吉利、平安，希冀五福临门。正是这一思想意识渗透、浸润在人们的血脉里，通过不同的物质形式反映出表征和想象，以求得那种无形的、未来的、美好的盼望。它经过千百年积淀，成了一种不受时空限制的客观存在。"② 人们希望家宅平安、健康长寿、财富丰盈、幸福快乐，往往用一些具有特殊含义的物件来表达对未来的美好期待。镇宅摆件便有这样的作用。有很多常见的镇宅吉祥物，伴随我们以积极的心态走过难关，迎接新的开始。

1. 貔貅。

貔貅是古代的民间流传的一种具有吉祥意义的猛兽。相传貔貅以金银珠宝等四方财气为食，有口无肛，只吃进不排出，有纳财之意。摆设在家中的貔貅，原本是没有生命的"物"，可是它们被当成神像一般供奉起来。人们在家中摆放貔貅，寄托招财旺财、镇宅化煞，令家运好转的愿望。闽台民间一般会摆放一公一母，传说公貔貅可招财进宝，母貔貅可固业守财。正如中国的传统习俗，吉祥物都是成双成对的才算完满。

2. 金蟾。

金蟾是传说中招财的瑞兽，它最重要的寓意就是财源滚滚，所以金蟾摆件的造型大都与金币、元宝有关。我国民间流传着"刘海

---

① 冯婷、陈瑛：《传播学视域中的吉祥物 IP 人格化设计及应用——以北京 2022 年冬奥会吉祥物冰墩墩为例》，《新媒体与社会》2022 年第 1 辑，第 290 页。

② 梁尚端：《民间镇宅形式和内容》，《农村·农业·农民》2015 年第 3 期，第 54 页。

戏金蟾"的传说：孝子刘海娶了狐仙秀英为妻，秀英为助丈夫登天，口吐一颗白珠，让刘海垂钓于井中。只见一只金蟾咬钓而起，刘海乘势骑上蟾背，羽化登仙而去。所以也有"刘海戏金蟾"的造型的摆件，寓意也是招财进宝。闽台民间更为多见的是金蟾口中含着钱币的摆件，造型生动可爱。古语有云："家有金蟾，财运绵绵。"金蟾不仅仅有招财的寓意，还有"金榜题名"的美好寓意。成语"蟾宫折桂"比喻考取进士。传说中月宫住着三条腿的蟾蜍，月宫又名"蟾宫"，"折桂"即代表科举高中，又带上"锦绣前程"的意思了。如果朋友履新或者孩子考上好学校，那么送金蟾也是很好的选择，祝福对方有大好前程。这就是金蟾备受青睐的原因。

3. 龙龟。

龙龟是龙神和灵龟的化身。"神龟在中国曾经受到过极大的尊敬，在古代帝王的皇宫、宅院和陵墓里，都有石雕或铜铸的神龟，用来象征国运的久远。"①龟自古便是健康、长命、稳健的图腾，龙头龟又为成功、富贵、发达之象征。龙龟代表着荣誉和地位，在古代，只有三品以上的官员才有让龙头龟驮碑的资格。因此，龙头龟是国泰民安、繁荣昌盛的标志，也是平步青云、升官发财的象征。

4. 麒麟。

麒麟是吉祥的上古神兽，是仁慈和祥瑞的象征。据《史记》记载，公元前122年，汉武帝到雍地打猎，捕获了一只白色的麒麟。大概因为麒麟长相古怪，大臣们对其是什么动物一时辨认不准，为此进行过争论，有人认为是"麇"，即狍子，有人认为是麟。经过一番争议，最后确认为麒麟。汉武帝为图吉利，遂改年号为元狩年，并作"白麟之歌"以记之。封建社会有些官僚或文人想讨好皇帝，会编造一些祥瑞之事，比如一棵麦子长出九个穗、龙翔于天等。古人认为，麒麟出没必有祥瑞。史书虽则记载凿凿，但是由于长期

---

① 郑敏：《瑞兽"四灵"：麟、凤、龙、龟》，《群文天地》2011年第6期，第70页。

以来人们没有见到麒麟活体,加之后来人们在麒麟身上陆续添加许多美好的元素和神话色彩,使麒麟在各种艺术形象中出现差异。如今人们普遍认为麒麟是存在于神话中的灵异之物,是吉祥和谐的化身。另外,麒麟锁代表长寿、麒麟袍代表官职,民间还有"麒麟送子"的传说。麒麟还常常用来比喻才能杰出的人。闽台百姓喜欢将麒麟作为镇宅吉祥物,祈愿屋主诸事顺利、家庭和睦、财运亨通。

5. 鸡。

鸡被中国人誉为五德之禽。"鸡'文、武、勇、仁、信'五德兼备,被世人誉为'德禽''义禽',亦称"司晨鸟''报晓禽'等。春秋战国时,名士田饶曾全面地论述鸡的品德:'首戴冠者,文也;足搏距者,武也;敌在前敢斗者,勇也;得食相告,仁也;守夜不失信,信也。'这'五德'在后世流传甚广,比较具象地说明了鸡的主要特性,以及人们赋予它的拟人品质,名为赞鸡,实为自勉。"① 又因为"鸡"的读音与"吉"相近,有大吉大利的寓意,所以隆重的宴会上必有鸡,正所谓"无鸡不成席"。

自古以来,民间百姓家里喜欢摆放铜公鸡,谓之金鸡报晓,寓意吉祥向上,光明的日子马上就会到来。鸡与太阳有关,中国人的阴阳观中,太阳为阳,能够驱邪。人们喜欢在家中或者办公室摆上一只或一对金鸡,希望以此提升自己和运势,镇宅化煞。

6. 葫芦。

葫芦又称"蒲芦",谐音"福禄",寓意吉祥富贵。其枝茎称为"蔓带",谐音"万代",故而"蒲芦蔓带"谐音为"福禄万代",带有吉祥的寓意。因为葫芦生命力旺盛,一根藤上能结出很多果实,所以自古以来人们把葫芦作为"繁育生育、多子多孙"的吉祥物。此外,葫芦嘴小肚大,又是聚宝纳财的象征。葫芦本身也可入药,味甘,性平无毒,有消热解毒及润肺利便的疗效。由于古时医师外

---

① 刘文明:《丁酉鸡年 富有吉祥——鸡文化论述》,《大众文艺》2017年第19期,第42页。

出行医时，身上挂个葫芦放置丹药，以保持药性不变，因此葫芦有"悬壶济世"的象征意义，有化解病气、克制病星的涵义。过去人们在中堂供养几枚天然的葫芦，用以化灾收邪。如果家中有老人小孩生病，则摆放铜葫芦以驱病。民间也有夫妻在床头摆放葫芦，意寓促进夫妻感情和睦美满。葫芦与道教、佛教有着很深的渊源，常被种植在房子的前后，被认为是能驱邪的植物，可保卫家园。

在中华民族的五千年历史长河中，葫芦被很多民族认为是人类的始祖而加以崇拜。在神话和故事里，葫芦始终与神仙和英雄为伴，被认为是给人类带来福禄、驱魔辟邪的灵物。很多传说中的神仙、神医都是身背葫芦或腰悬葫芦的形象，如八仙中的铁拐李、寿星南极翁、济公和尚等。所以葫芦自古以来就是"福禄吉祥""健康长寿"的象征，也是保宅护家的吉祥物。

7. 五帝钱。

中国民间自古就有佩戴钱币以挡煞、防小人、避邪、旺财、祈福的习俗。五帝钱是中华民族中最兴盛的五个帝王所铸钱币，因而五帝钱更多汇聚了天、地、人之气加上百家流通之财气，故能镇宅、化煞，并兼具旺财功能。"① 从广义来讲，只要由五个不同帝王制的古钱串成串的就可以叫五帝钱。我国一直就有用古钱币驱邪的习俗，人们将红绳穿过古钱币，挂在脖子上，认为能汇集阳气，抵御邪祟。民间认为，五帝钱一般都带有帝王之气，且又属于金，有极高威慑力，所以具有冲煞、催财、保平安的避凶趋吉寓意。

8. 关公像。

文拜孔子、武拜关公。闽台民间普遍存在关帝信俗，因此信众们也会在家宅中摆放关帝像。

关公具有一身正气、神勇无敌的形象。在闽台民间，每年春节或关公诞辰，均要从关帝庙里抬出关公像，在田野、村寨中游走，以借关公之威驱邪纳吉，保一方平安。届时，当地群众在村头庄

---

① 福运来：《五帝钱》，《新经济》2019 年第 5 期，第 87 页。

尾,设坛迎送,气氛热烈隆重,可谓一大民俗景观。

近代以来,关公的神职越来越广,成了全能的保护神,不仅用来保护行业运营、庇护商贾,还被奉为武力之神。不同造型的关公像有不同寓意,如:提刀关公,浩然正气,用以扬正辟邪;立刀关公,威严肃穆,用以招财镇宅;关公坐身读春秋,在有学子的家庭供奉,主招财、镇宅、升学等。

第二节 吉祥话:"福"文化观念的现实沟通

吉祥话是中国传统"福"文化的重要组成部分,我国最早的诗歌总集《诗经》中就记载了许多吉祥的语言文字,如"锡兹祉福""降福无疆""以介景福""千禄百福""万寿无疆""南山之寿"等。"从哲学上看,吉祥话,其实就是人们心中价值观念的一种表露。'吉祥',说得简单明白些,就是人们心目中认定和向往的'好'。古往今来,人们总是把自己认为的'好'放在吉祥话中,当作祈祷和祝愿。"① 每逢佳节走亲访友,必然少不了吉祥话。如果回到千年之前,古人是怎么祝福别人的?可能是"长乐未央""长宜子孙",又或者是"千秋万岁",语言简练典雅。

一、《诗经》对吉祥话语言系统的丰富与强化

《诗经》中有大量带有"福"字的相关词汇,譬如"多福""百福""万福""景福""降福""福禄""受福"等词语,也有虽未直接提"福"字,但含义却符合"五福"内涵的相关词汇。这些词汇在语言文字系统上丰富并强化了人们对"福"的观念。

《诗经·樛木》提到"福履"。"乐只君子,福履绥之。……福履将之……福履成之。"② 诗中以青藤缠绕大树,比喻人得到上天

---

① 李德顺:《吉祥话的分量》,《学习与研究》1994年第3期,第36页。
② 《诗经》,第12页。

的赐福;《诗经·天保》中有"受天百禄"(承受百福)、"降尔遐福"(久远之福)、"万寿无疆"(长寿无止境)、"南山之寿"(如南山般久峙);①《诗经·蓼萧》中有"万福攸同"(万般幸福汇聚)、"寿考不忘"(长寿无竟)、"令德寿岂"(美德者高寿且快乐);②《诗经·楚茨》中有"以介景福"(求得神灵赐福)、"报以介福"(巨大的幸福)、"万寿攸酢"(万寿无期)、"永锡尔极"(赐予永久的福气)、"以绥后禄"(安稳享受日后的幸福);③《诗经·信南山》中有"寿考万年"(长寿万年)、"受天之祜"(天赐洪福);④《诗经·瞻彼洛矣》中有"福禄如茨"(福禄如堆积而成)、"福禄既同"(福禄汇聚如影随形);⑤《诗经·桑扈》中有"受福不那"(享福而不流丧)、"万福来求"(诸福绵绵汇聚);⑥《诗经·鸳鸯》中有"福禄宜之""宜其遐福""福禄艾之""福禄绥之"(皆为安享福禄之义);⑦《诗经·采菽》中有"福禄膍之"(福禄深厚);⑧《诗经·旱麓》中有"干禄岂弟"(求福得到和乐的心境)、"福禄攸降"(福禄降于其身);⑨《诗经·既醉》中"昭明有融"(福气永盛不衰)、"永锡祚胤"(子孙永享福禄)、"天被尔禄"(天赐无限福禄);⑩《诗经·凫鹥》中有"福禄来成"(成就福禄)、"福禄来为"(福禄来施行)、"福禄来下"(福禄降临)、"福禄来崇"(福禄汇集);⑪

---

① 《诗经》,第 408—409 页。
② 《诗经》,第 433 页。
③ 《诗经》,第 565—567 页。
④ 《诗经》,第 572—573 页。
⑤ 《诗经》,第 584 页。
⑥ 《诗经》,第 589 页。
⑦ 《诗经》,第 590—591 页。
⑧ 《诗经》,第 591 页。
⑨ 《诗经》,第 667 页。
⑩ 《诗经》,第 707 页。
⑪ 《诗经》,第 710—711 页。

《诗经·假乐》中有"干禄百福"（天赐之福数不清）、"受禄无疆"（享受无边福禄）；①《诗经·烈文》中有"锡兹祉福，惠我无疆"（天赐吉祥，恩惠无量）；②《诗经·执竞》中有"降福穰穰""降福简简"（皆为丰盛的福祉）；③《诗经·丰年》中有"降福孔皆"（天赐吉祥)④。

以上的语言文字是"福"文化传承的重要载体之一。这些词语的普及和通用，有助于强化人们关于"福"的价值观，增进人们对"福"的认同与传播。此外，贴春联、贴福字的民俗和说拜年话、发送祝福短信等皆为文字语言系统上"福"的表征。

二、现代人婚礼中的吉祥话

华夏自古为礼仪之邦，但凡大事必定热闹非凡，礼仪周全，在一些特定的场景，五花八门的吉祥话被广泛应用。其中婚礼更是重中之重，尤其是现在越来越多人喜爱的中式婚礼。

譬如传统婚礼习俗中，婚床要请个有福之人来铺，并且铺床的时候要说些吉祥话，代表对新人的祝愿。比方说：

一撒荣华并富贵，二撒金玉满厅堂，三撒三元及第早，四撒龙凤配呈祥，五撒屋子拜宰相，六撒六合同春长，七撒夫妻同偕老，八撒八马转回乡，九撒九九多长寿，十撒十全大吉祥。

一铺鸳鸯戏水，二铺龙凤呈祥，三铺鱼水合欢，四铺恩爱情长，五铺早生贵子，六铺儿孙满堂，七铺百年好合，八铺地久天长，九铺家庭和美，十铺前途辉煌。

铺床铺床，喜气洋洋，先铺四角，后铺中央，夫妻恩爱，

---

① 《诗经》，第714页。
② 《诗经》，第813页。
③ 《诗经》，第821页。
④ 《诗经》，第828页。

共枕同床，百年好合，鱼水情长，早生贵子，播种成双，一儿一女，龙凤呈祥。

金屋人间传二美，银河天上星成双，志同道合创大业，携手并肩奔小康，上慈下孝全家福，夫唱妇和老少康，新婚新喜新气象，幸福美满万年长。

婚礼主持人在主持婚礼时更要说吉祥话，尤其是在新娘新郎拜天地的环节，只要这个环节吉祥话说得好，主人家一定格外满意。在"拜天地"环节就有很多吉祥话，如：

一拜天地、两情缱绻、三生三世，夫妻恩爱到永久。
二拜高堂、三年抱俩、四世同堂，儿孙满堂家族旺。
夫妻对拜、五福临门、六亲同运，财运滚滚福禄寿。

一拜有福同享，有难同当；白头偕老，风雨同舟。
再拜夫妻恩爱，相敬如宾；早生贵子，光耀门庭。
三拜勤俭持家，志同道合；尊老爱幼，永结同心。

一拜天地之灵气，三生石上有姻缘。
再拜日月之精华，万物生长全靠她。
三拜春夏和秋冬，风调雨顺五谷丰。

第三节　闲适会玩："福"体验生活方式中的"福"体验

"莫春者，春服既成。冠者五六人，童子六七人，浴乎沂，风乎舞雩，咏而归。"[①] 这是数千年前孔子高徒曾皙的愿望，在暮春

---

① 《论语译注》，第 135 页。

三月，穿好了春季的服装，和五六位成年人、六七个小孩子在沂水边洗洗澡、吹吹风。一路欢唱，感受悠然自适的生命状态。孔子很赞赏曾皙描绘出的这个朴素的场景。闲适能给人静水深流的动人力量。中国人追求闲适的生活，自古如一。

一、闲适：体现人生情趣与生活品质

林语堂在《"中庸哲学"：子思》一文中把闲适的生活解读为"中庸"的生活。他认为："生活的最高典型终究应属子思所倡导的中庸生活，他即《中庸》的作者、孔子的孙儿。与人类生活问题有关的古今哲学，还不曾发现过一个比这种学说更深奥的真理，这种学说，就是指介于两个极端之间的那一种有条不紊的生活——酌乎其中学说。这种中庸精神，在动作和静止之间找到了一种完全的均衡，所以理想人物，应属一半有名，一半无名：懒惰中带用功，在用功中偷懒；穷不至于穷到付不出房租，富也不至于富到可以完全不做工，或是可以称心如意地资助朋友；钢琴也会弹弹，可是不十分高明，只可弹给知己的朋友听听，而最大的用处还是给自己消遣；古玩也收藏一点，可是只够摆满屋里的壁炉架；书也读读，可是不很用功；学识颇广博，可是不成为任何专家；文章也写写，可是寄给《泰晤士报》的稿件一半被录用一半退回。总而言之，我相信这种中等阶级生活，是中国人所发现最健全的理想生活。"① 闲适的生活并不是指整日什么都不做，游手好闲，而是指在充分的时间里做着该做的事情，不感觉到自己内心的空虚。

"以中国古代有闲阶层典型代表——士人在闲暇及其教育上的卓识与境界为标识，古代士人于闲暇中自由自在地追寻自我的完成和生命的意义，在自由的时空和自我基础上，对闲暇境界的追求，

---

① 《生活的艺术》，第79—80页。

呈现出一种生命的自觉，其中个体生命也得以整全、自由地展开。"① 在文士眼中，山川草木、琴棋书画、茶酒香花，都是闲暇的产物。酒酬知己，茶酬知音。小筑之间，一壶佳茗，是宾朋之间最好的媒介。我们的心中有一杆秤，能够指引我们准确把握好所有的时间，能够有意识地做好所有的事情，使自己感觉到满足和快乐，让我们拥有更多幸福感，这才是真正属于我们的现实美好的生活。

"胡适先生说过：'凡一个人用他的闲暇来做的事业，都是他的业余活动。往往他的业余活动比他的职业还更重要，因为一个人的前程往往全靠他怎样用他的闲暇时间。他用他的闲暇来打麻将，他就成个赌徒；你用你的闲暇来做社会服务，你也许成个社会改革者；或者你用你的闲暇去研究历史，你也许成个史学家。你的闲暇往往定你的终身。'"② 人生是需要美好的意义来加持的。那美好的意义绝对不是来自你每天为了生活必须去做的工作，而你真正愿意做的事情，即使每天让你靠近，让你去做，也会感觉到内心的激动、兴奋。处闲，方能自在，它是回归人生的方式。回归日常的家庭生活、社会交往、良好的工作秩序；回归于对技艺、创造力、历史文化的尊崇；回归与自然万物、日出日落和潮涨潮落同频的生活节奏。

二、会玩：调节自己与物、人、内心的关系

玩儿是一种别样的交流方式。这种交流，或与人，或与物，或与景，或与情。在我们的印象中，人们觉得玩儿就是不务正业，游手好闲无所事事，但是一个人能把"玩儿"玩得透彻，那也可以称得上专家。会玩儿也是一种会享福的表现，能够调节自己与外界的

---

① 刘宇文：《生命的自我完善：士人闲暇教育意蕴及当代观照》，《中国人民大学教育学刊》2023年第1期，第152页。

② 孙贵颂：《赢在闲暇时》，《前线》2022年第6期，第93页。

关系，观照内心，从容面对一切。玩儿是一种情趣，也是一种生活态度，更是建立在高标准的生活质量之上的一种"福"文化心态。

明朝的史学家张岱就是一个很会玩的人，他追逐万物最真实的精粹，人间至真的美感，玩乐精到极致，享受精神上的趣味。无论美食、戏曲、花鸟、古董、茶道、读书、吟诗等艺术门类，他都有所涉足。清代的袁枚也是个著名玩家，他在南京买了座园子，称之为"随园"，招揽了当时的江南大厨王小余，在园子里开起"农家乐"。上至骚人墨客，下至市井平民，无不以"曾入随园品菜"而自得。作为一枚吃货，他把多年来收集的食谱和对美食的理解，集成一本《随园食单》，这本书共记载了326种南北菜肴、美酒名茶，自己出资刊刻，算得上是非常懂得享福了。

当代学者王世襄也是著名玩家。"'玩儿'难免使人把它与随心所欲联系在一起，事实上，生活中的王先生讲究原则，对自我的要求严谨至极。"① 书法家启功先生称王世襄"研物立志"。他有"京城第一玩家"之称。收藏家马未都是当代有名的"玩家"，玩得通透，玩得洒脱，玩得智慧。他也将王世襄视为一生最敬佩的人。王世襄兴趣广泛，精通漆器、竹刻、明式家具等诸多领域，编写了40多部著作。"'丧志'和'立志'之间是有联系的，那就是如果把玩的经历和体会，抑或是牵涉到的风俗习惯记录下来，变成文字，不仅可以供人参考，还能让自己有所收获，这样'玩物'就变得有意义很多。"② 王世襄曾经在自己的著作《北京鸽哨》中自嘲，自己从幼年到壮年，始终玩物丧志，业荒于嬉。王老先生可谓"玩"出了学问，达到了"玩"的超高境界。

"玩"，是一种讲究，是一种精益求精，逼着自己往更专业、更精进、更独特、更创新的境界去追求。闲适会玩是人们日常生活方

---

① 田家青：《王世襄：世好妍华，我耽拙朴》，《阅读》2022年第88期，第44页。

② 姜常红：《王世襄玩物立志》，《快乐作文》2022年第16期，第33页。

式中对"福"的直接体验。闲适体现的是生活情趣与生活品质，有品质和情趣的日子是有福的。会玩，能够帮助人们在庸常的生活中不断调节自己与物、人、内心的关系，学会在细节处体味"福"的滋味。

第五章　吉事有祥：福至心灵万物现

结语

2022年冬，笔者在福州大学图书馆附近的一片竹林散步，发现地面的石砖上刻有五个不同字体的"福"字。中国人对"福"有种执念，不仅要心向往之，还要用各种图形、文字符号在生活中对"福"处处加以彰显。

趋利避害是人类内心的共性。曾几何时，人类视饥荒、战乱、瘟疫为心头大患。"一代又一代，人类向所有神明、天使和圣人祈祷膜拜，也发明了无数的工具、制度和社会系统，但仍然有数百万人死于饥饿、流行病和暴力。"① 时至今日，人类的生存条件得到了巨大的改善，在大多数国家，温饱问题早已解决。在减少了疾病、战争、饥荒之后，人类是否对"福"没有更多奢望了呢？恰恰相反，人类对"福"的追求是无止境的。"成功孕育着野心，而我们最新的成就也推动人类设下更大胆的目标。"② 譬如人们对"寿"的追求更趋向疯狂。谷歌风投的首席执行官比尔·马里斯（Bill Maris）就曾直言自己相信人能活到 500 岁。在他的推动下，谷歌风投将总投资金额的 36% 投向生命科技新创公司，大力培育延长人类寿命计划。

《未来简史》的作者尤瓦尔·赫拉利把追求幸福快乐视为人类未来的一个重要议题。"我们已经达到前所未有的繁荣、健康与和谐，而由人类过去的记录与现有价值观来看，接下来的目标很可能是长生不死、幸福快乐，已经化身为神。"③ 他看到了人类对"福"的不懈奢求，也感受到了这种追求在人类心中的无限拓展。古希腊哲学家伊壁鸠鲁曾提出生命的唯一目的就是享乐，不过，连他自己也觉得获得幸福和快乐没那么容易，甚至还告诫弟子，获得快乐是件辛苦的事情。

丰富的物质财富能提升幸福感吗？不太现实。"便宜的汽车、冰箱、空调、吸尘器、洗碗机、洗衣机、电话、电视和计算机如潮水般涌来，人们的日常生活彻底变了样。但研究显示，美国人在 20 世纪 90 年代的主观幸福感，与 20 世纪 50 年代的调查结果仍然

---

① ［以色列］尤瓦尔·赫拉利：《未来简史》，林俊宏译，中信出版社，2017年，第 1 页。

② 《未来简史》，第 18 页。

③ 同上。

大致相同。"① 笔者在 2018 年去新加坡调研，当时新加坡人每年生产的商品和服务平均总价值高达 56000 美元，但是，新加坡人对生活的满意度却不高。物质财富的大量创造并不能让人真正开心起来。

尤瓦尔·诺亚·赫拉利认为："智人本来就不是一种会满足于现状的动物。他们的快乐很少取决于客观条件，而多半取决于自身的期望。然而，期望又往往会因为各种条件（甚至包括其他人的条件）而不断调整。整体客观条件改善的时候，期望也会随之膨胀，于是虽然客观条件可能已经大幅提升，我们却可能还是像以前一样不满。"② 生存条件的提升，不足以满足人类对"福"日益高涨的祈愿。

我们对"福"的追求可以绵延不绝，但节奏仍需适度。"想得到真正的幸福快乐，人类该做的并非加速，而是放慢追求快感的脚步。"③ 中国人早就懂得物极必反、适可而止的道理。所谓"事缓则圆"，保持内心的平静，珍视小小的幸福。

村上春树在随笔《兰格汉斯岛的午后》中也提到过"小确幸"这个词，就是指微小而确切的幸福。这是一种生活态度，也是理性的求"福"哲学。生活中很多事情的发展走向都不是我们能够人为掌控的，无法预测和左右事情的发展趋势。人很容易在内心的虚荣或者浮华的环境中感到焦虑，常常忘记照顾自己的情绪。不过，我们可以控制自己内心对"福"的感受。"聪明人需要为枯燥生活不断找到新的兴奋点和挑战。避不一定躲得过，面对不一定难受，孤单不一定不快乐，失去不一定不再有，转身不一定是软弱，人人都

---

① 《未来简史》，第 30 页。

② ［以色列］尤瓦尔·赫拉利：《今日简史》，林俊宏译，中信出版社，2018年，第 38 页。

③ 《未来简史》，第 37 页。

可以成为乐活家。"① 电视剧《贫嘴张大民》中的市井小民张大民，蜗居在资源紧张的大城市中，却获得了较高的个人幸福体验。感知"福"的最高境界，就是在困境和逆境中都能寻找到快乐，乐天知命。

黄俊杰在其《想太多，或者乐活 我们的快乐使用手册》一文中说："要么，在追求目标时享受成功快感；要么，面对现实，调整你的人生观。"② 从生活中发掘美好，正视自己的内心需求，合理规划生活的节奏。在平淡的人生中体会幸福的片段，知福、惜福、传福。身心舒展，触目皆美。

① 黄俊杰：《就这样吧 一个80后的温和建议》，文汇出版社，2012年，第98页。

② 《就这样吧 一个80后的温和建议》，第97页。

主要参考文献

一、著作类

1. 〔德〕马克思：《政治批判学》，中央编译局译，人民出版社，1973年。

2. 〔德〕歌德：《歌德的格言和感想集》，程代熙、张慧民译，中国社会科学出版社，1982年。

3. 陈鼓应注译：《庄子今注今译》，中华书局，1983年。

4. 鲁迅：《中国小说史略》，人民文学出版社，1981年。

5. 〔美〕莱斯特·R·布朗：《建设一个持续发展的社会》，祝友三译，科学技术文献出版社，1984年。

6. 朱谦之校译：《老子校译》，中华书局，1984年。

7. 〔清〕王锡祺辑：《小方壶斋舆地丛钞·九帙》，台湾学生书局，1985年。

8. 〔清〕望云居士：《天津皇会考纪》，天津古籍出版社，1988年。

9. 印度尼西亚兴安同乡会编：《福莆仙乡贤人物志》，福莆仙文化出版社，1990年。

10. 黄晖校释：《论衡校释》，中华书局，1990年。

11. 陈国强：《简明文化人类学词典》，浙江人民出版社，1990年。

12. 梁银林：《禄·禄愿·禄瑞——中国民间迎禄习俗》，四川人民出版社，2009年。

13. 毛泽东：《毛泽东选集》第三卷，人民出版社，1991年。

14. 周振甫译注：《周易译注》，中华书局，1991年。

15. 张瑞、王番编：《中国教育史研究》先秦分卷，华东师范大学出版社，1991年。

16. 刘德康：《老子直解》，复旦大学出版社，1997年。

17. 李学勤主编：《十三经注疏·尚书正义》，北京大学出版社，1999年。

18. 黄安榕：《福州人杰》，鹭江出版社，1999年。

19. 张少康、卢永璘选编：《先秦两汉文论选》，人民文学出版社，1999年。

20. ［德］阿尔贝特·施韦泽：《敬畏生命——五十年来的基本论述》，陈泽环译，上海社会科学出版社，2003年。

21. 谭元亨：《客家与华夏文明》，华南理工大学出版社，2003年。

22. 蓝先琳、王抗生、李友友：《中国吉祥艺术丛书》，江西美术出版社，2004年。

23. 王达人：《中国福文化》，北京工业大学出版社，2005年。

24. 赵华明：《福和谐：中华福文化与和谐社会》，中共中央党校出版社，2006年。

25. 罗勇等主编：《客家文化特质与客家精神研究》，黑龙江人民出版社，2006年。

26. 张起钧：《智慧的老子》，广西师范大学出版社，2006年。

27. 杨伯峻译注：《论语译注》，中华书局，2006年。

28. 林语堂：《人生不过如此》，陕西师范大学出版社，2007年。

29. 文池主编：《在北大听讲座》第18辑，新世界出版社，2008年。

30. 勾承益：《福·福气·福音：中国民间求福习俗》，四川人民出版社，2009年。

31. 郑丽航等：《妈祖文献史料汇编》第二辑·史摘卷，中国档案出版社，2009年。

32. 林语堂：《苏东坡传》，群言出版社，2009年。

33. 林语堂：《生活的艺术》，群言出版社，2009年。

34. 中共中央马克思恩格斯列宁斯大林著作编译局：《马克思恩格斯文集》第2卷，人民出版社，2009年。

35. 〔南宋〕范应元：《老子道德经古本集注》，华东师范大学出版社，2010年。

36. 丁鼎：《礼记解读》，中国人民大学出版社，2010年。

37. 〔汉〕司马迁：《史记》，韩兆琦译注，中华书局，2010年。

38. 〔战国〕韩非：《韩非子》，高华平、王齐洲、张三夕译注，中华书局，2010年。

39. 〔魏〕王弼：《老子道德经注》，楼宇烈校释，中华书局，2011年。

40. 〔战国〕荀况：《荀子》，方勇、李波译注，中华书局，2011年。

41. 张岱年、方克立：《中国文化概论》，北京师范大学出版社，2011年。

42. 〔汉〕贾谊：《新书》，方向东译注，中华书局，2012年。

43. 刘毓庆、李蹊译注：《诗经》，中华书局，2011年。

44. 〔汉〕董仲舒：《春秋繁露》，张世亮、钟肇鹏、周桂钿译注，中华书局，2012年。

45. 〔南朝〕刘义庆：《世说新语》，中国画报出版社，2012年。

46. ［古希腊］亚里士多德：《尼各马可伦理学》，廖申白译，商务印书馆，2013年。

47. 林语堂：《我站在自由这一边》，万卷出版公司，2013年。

48. 林语堂：《人生当如是》，万卷出版公司，2013年。

49. 〔明〕袁了凡：《了凡四训》，尚荣、徐敏、赵锐评注，中华书局，2013年。

50．〔清〕王永彬：《围炉夜话》，中国画报出版社，2013年。

51．林语堂：《我这一生——林语堂口述自传》，万卷出版公司，2013年。

52．殷伟：《福：中国传统的福文化》，福建人民出版社，2014年。

53．杨威：《共同富裕理论》，吉林出版集团有限责任公司，2014年。

54．中共福建省委文明办、福建地方志编纂委员会、福建省妇女联合会编译：《福建家训》，海峡文艺出版社，2014年。

55．吕思勉：《中国通史》，中华书局，2015年。

56．〔清〕曾国藩：《曾国藩家书》上，唐浩明编，岳麓书社，2015年。

57．〔清〕张潮：《幽梦影》，吴言生译注，上海古籍出版社，2016年。

58．徐维群：《客家文化符号论》，厦门大学出版社，2016年。

59．林语堂：《老子的智慧》，黄嘉德译，湖南文艺出版社，2016年。

60．马卡丹、天一燕：《客家故里》，海峡文艺出版社，2016年。

61．吕明涛、谷学彝编注：《宋词三百首》，中华书局，2016年。

62．习近平：《决胜全面建成小康社会 夺取新时代中国特色社会主义伟大胜利——在中国共产党第十九次全国代表大会上的报告》，人民出版社，2017年。

63．吉峰：《闽台妈祖文化传播研究》，厦门大学出版社，2017年。

64．[以色列]尤瓦尔·赫拉利：《未来简史》，林俊宏译，中信出版社，2017年。

65．李彬源、郭丹主编：《八闽家训读本》，福建人民出版社，2017年。

66．[以色列]尤瓦尔·赫拉利．《今日简史》，林俊宏译，中

信出版社，2018年。

67. 习近平：《习近平谈治国理政》第一卷，外文出版社，2018年。

68. 李江：《中国传统福文化研究》，中国轻工业出版社，2019年。

69. 杨主泉、杨满妹：《客家美食文化》，中国轻工业出版社，2019年。

70. 吉峰：《中华传统文化传播研究举隅》，九州出版社，2019年。

71. 颖君编著：《吉祥中国：传统吉祥文化常识》，中国华侨出版社，2019年。

72. 中央党校采访实录编辑室：《习近平在厦门》，中共中央党校出版社，2020年。

73. 中央党校采访实录编辑室：《习近平在宁德》，中共中央党校出版社，2020年。

74. 康沛竹、吴波：《〈纪念白求恩〉〈为人民服务〉〈愚公移山〉研读》，研究出版社，2021年。

75. 刘宝东：《百年大党是怎样炼成的》，人民出版社，2021年。

76. 赵运涛：《符号里的中国》，中华书局，2021年。

77. 习近平：高举中国特色社会主义伟大旗帜 为全面建设社会主义现代化国家而团结奋斗——在中国共产党第二十次全国代表大会上的报告》，人民出版社，2022年。

78. 本书编写组：《闽山闽水物华新：习近平福建足迹》上册，人民出版社、福建人民出版社，2022年。

二、期刊类

1. 李宗桂：《董仲舒义利观揭旨》，《齐齐哈尔师范学院学报》1991年第4期。

2. 李德顺：《吉祥话的分量》，《学习与研究》1994年第3期。

3. 陈湘舸、杜敏：《幸福文化及其价值定位》，《甘肃社会科学》2008年第6期。

4. 陈嘉珉：《试论董仲舒的"义利"思想》，《西藏大学学报》2008年第3期。

5. 叶世明：《"文化自觉"与中国现实海洋文化价值取向的思索》，《中国海洋大学学报》2008年第1期。

6. 黄秀琳、黄新丰：《妈祖祭典文化元素的构成与再造：以湄洲妈祖祭典为例》，《莆田学院学报》2010年第4期。

7. 郑敏：《瑞兽"四灵"：麟、凤、龙、龟》，《群文天地》2011年第6期。

8. 李天锡：《越南华侨华人妈祖信仰初探》，《莆田学院学报》2011年第1期。

9. 吴晓红：《非遗文化"妈祖信俗"的符号学阐释：以妈祖蔗塔为例》，《长沙大学学报》2011年第6期。

10. 朱松苗：《论庄子之情》，《运城学院学报》2011年第3期。

11. 欧文辉：《老子思想对现代幸福观的启示》，《辽宁教育行政学院学报》2011年第6期。

12. 孙亦平：《国学中的幸福观》，《中国德育》2013年第21期。

13. 顾田忠：《庄子逍遥哲学探微》，《信阳师范学院学报》2014年第5期。

14. 李春阳：《论〈老子〉的"功成身退"之道》，《安徽文学》2012年第5期。

15. 叶克飞：《喜剧和造假其来有自中国历史上的祥瑞》，《新周刊》2014年第9期。

16. 王群韬：《〈韩非子〉中的"道法"思想探析》，《桂林师范高等专科学校学报》2014年第3期。

17. 梁尚端：《民间镇宅形式和内容》，《农村·农业·农民》2015年第3期。

18. 吉峰、张恩普：《妈祖文化如何传播与营造"媒体奇观"》，《传媒》2015年第6期。

19. 何则阴：《〈南华真经〉死亡观及生命关怀思想探讨》，《中华文化论坛》2015年第5期。

20. 蔡天新：《古丝绸之路的妈祖文化传播及其现实意义》，《世界宗教文化》2015年第6期。

21. 王丽梅：《妈祖文化与海上丝绸之路》，《五邑大学学报》2016年第1期。

22. 李智福：《庄子"逍遥"义考释》，《中国哲学史》2016年第1期。

23. 刘美霞：《福建传统家训中的德育思想》，《海峡教育研究》2016年第3期。

24. 郭佳浩：《曾国藩：一勤天下无难事》，《智慧中国》2016年第2期。

25. 裴兴荣：《阴德果报的功名观——科举制度下金代文人的社会心态（二）》，《山西大同大学学报》2017年第4期。

26.〔汉〕东方朔：《荀子〈天论〉篇新释》，《哲学动态》2017年第5期。

27. 邓晓莉：《互联网背景下"乐活"生活理念及行为模式研究》，《科技视界》2017年第24期。

28. 周金琰：《妈祖文化——在新的海上丝绸之路中传承》，《中国海洋报》2017年第2期。

29. 谢永鑫：《〈孟子〉"君子有三乐"章中的幸福观及其现代意义》，《商丘职业技术学院学报》2017年第16期。

30. 刘文明：《丁酉鸡年 富有吉祥——鸡文化论述》，《大众文艺》2017年第19期。

31. 梁大秀：《论袁了凡的以善立命观》，《哈尔滨师范大学社会科学学报》2017年第5期。

32. 赵霞：《〈了凡四训〉中的因果观及其当代意义》，《江苏第二师范学院学报》2017年第1期。

33. 福运来：《五帝钱》，《新经济》2019年第5期。

34. 谭山山：《有一种人，叫闲学家》，《新周刊》2019年第13期。

35. 刘林平：《"祸福倚伏"与"塞翁失马"——祸福关系的反思与检验》，《武汉科技大学学报》2019年第6期。

36. 郭敬东：《天道、身道与国体：董仲舒国家建构思想的三重维度》，《齐鲁学刊》2019年第6期。

37. 姚海涛：《引"经"、据"典"与"新"诠：荀子"福"文化的言说方式与思想意蕴》，《地域文化研究》2020年第5期。

38. 舒良明：《荀子天论观探微》，《重庆科技学院学报》2020年第3期。

39. 林华东：《论闽南文化的继承性与创新性》，《闽南师范大学学报》2020年第3期。

40. 王玉彬：《孔子仁礼关系新探——以"德性生命"为视域的考察》，《管子学刊》2021年第2期。

41. 张艳兵：《少则得 多则惑》，《秘书工作》2021年第12期。

42. 艾雨青：《"读书身健方为福"——情绪疗愈绘本解题书目及其对学校图书馆开展阅读疗法的启示》，《大学图书馆学报》2021年第4期。

43. 马丽娅：《传统"慎言"观的形成、传播及现代意义》，《文化学刊》2021年第11期。

44. 李涛：《孟子"君子有三乐"之道德价值意蕴发微》，《西华师范大学学报》2021年第3期。

45. 冯婷、陈瑛：《传播学视域中的吉祥物IP人格化设计及应用——以北京2022年冬奥会吉祥物冰墩墩为例》，《新媒体与社会》2022年第1期。

46. 李沛锋：《对中庸思想的思考》，《汉字文化》2022年第20期。

47. 王金、杨文静：《习近平精准扶贫方略的思维方式探赜》，《华北理工大学学报》2022年第4期。

48. 苏启：《孔子思想中的"礼"与"仁"》，《古今文创》2022年第17期。

49. 金立：《庄子"逍遥"思想的当代休闲价值》，《哲学分析》2022年第2期。

50. 龙慧：《近代福建优秀家训的思想内涵及其"新时代"价值》，《汉字文化》2022年第18期。

51. 卢翠琬、刘建萍：《闽台福文化的多维呈现与多元开发》，《闽江学院学报》2022年第6期。

52. 甘婷：《中国共产党初心使命深化进程中的"福"文化解读》，《集美大学学报》2022年第4期。

53. 孔祥安：《中庸：儒家的至德要道》，《中国党政干部论坛》2022年第2期。

54. 殷文明：《中国式和平发展道路的生成逻辑和实践意义》，《河海大学学报》2022年第4期。

55. 饶学刚：《忧喜相寻 苦难辉煌——苏东坡独特的人生周期律》，《乐山师范学院学报》2022年第2期。

56. 孙秀艳：《为民造福：立党为公、执政为民的本质要求》，《中共福建省委党校》2022年第6期。

57. 孙春鹏：《毛泽东〈为人民服务〉的主旨意蕴及现实启示》，《牡丹江师范学院学报》2022年第4期。

58. 何善蒙：《〈春秋繁露〉"天"论疏解》，《衡水学院学报》2023年第2期。

59. 史智鹏：《苏东坡的黄州养生理念与实践》，《黄冈职业技术学院学报》2023年第1期。

60. 刘宇文：《生命的自我完善：士人闲暇教育意蕴及当代观照》，《中国人民大学教育学刊》2023年第1期。

61. 林闽钢：《新时代民生保障话语体系的建构》，《闽江学刊》2023年第2期。

62. 孙佳圆：《中华传统家训中的德育内涵及时代价值》，《红河学院学报》2023年第2期。

63. 陈婷婷：《习近平关于民生建设重要论述的探析》，《长治学院学报》2023年第1期。

64. 张宁宁：《构建文化认同：妈祖文化在海外传播的独特价值》，《福州大学学报》2023年第1期。

三、学位论文

1. 翁珠琴：《东坡村：文化权力的困惑与妈祖女信徒的命运》，福建师范大学，2007年。

2. 郭楠：《东南亚华侨对祖国抗战贡献研究》，西华师范大学，2020年。

四、电子文献

1. 《苏轼有四味"长寿药" 无事、早寝、安步、晚食》，人民网，2015年04月26日，http://health.people.com.cn/n/2015/0426/c14739-26904856.html，2022年8月6日查阅。

2. 曹普：《坚持全心全意为人民服务的根本宗旨》，中国新闻网，2022年08月10日，https://www.chinanews.com.cn/gn/2022/08-10/9824096.shtml，2022年8月27日查阅。

3. 《黄波生：挥毫百万字 奉献后来人》，莆田乡音网，http://www.0594xyw.com/news-7744.html，2022年8月27日查阅。

4. 《李怡彬：扎根山村 一心为民》，两学一做专题网，2018年3月9日，http://www.faas.cn/cms/html/fjsnykxy/2018-03-15/1862438844.html，2022年8月27日查阅。

5. 童家洲：《日本、东南亚华侨华人的妈祖信仰》，中华妈祖网，2013年12月30日，http://www.chinamazu.cn/rw/gd20131230/21915.html，2022年1月2日查阅。